Yvonne Joosten
Die schönsten Reden
für Hochzeiten und Hochzeitstage

Yvonne Joosten

Die schönsten Reden für Hochzeiten und Hochzeitstage

Musterreden, Sprüche und Zitate

7., aktualisierte Auflage

Bibliografische Information der Deutschen Nationalbibliothek
Die Deutsche Nationalbibliothek verzeichnet diese Publikation in der Deutschen Nationalbibliografie; detaillierte bibliografische Daten sind im Internet über http://dnb.ddb.de abrufbar.

ISBN 978-3-86910-017-3

Die Autorin: Yvonne Joosten ist seit über 20 Jahren erfolgreiche Journalistin und Autorin. Sie hat über 50 Sachbücher zu Festen und Bräuchen, Beruf und Karriere, Freizeit und Hobby sowie zu Sprache verfasst.

Bei humboldt erschienen bisher folgende Bücher der Autorin:
Die schönsten Sprüche und Zitate für Hochzeit und Hochzeitstage
(ISBN 978-3-86910-008-1)
In Liebe. Die schönsten Verschenk-Sprüche, Verse und Zitate zu Liebe,
Glück und Beziehung (ISBN 978-3-89994-097-8)
Zum Glück. Die schönsten Verschenk-Sprüche, Verse und Zitate zu Glück
und Freude (ISBN 978-3-89994-117-3)
Die schönsten Reden für Familienfeiern (ISBN 978-3-89994-146-3)
Die schönsten Reden für Feste und Jubiläen (ISBN 978-3-89994-147-0)

7., aktualisierte Auflage

© 2011 humboldt
Eine Marke der Schlüterschen Verlagsgesellschaft mbH & Co. KG,
Hans-Böckler-Allee 7, 30173 Hannover
www.schluetersche.de
www.humboldt.de

Autor und Verlag haben dieses Buch sorgfältig geprüft. Für eventuelle Fehler kann dennoch keine Gewähr übernommen werden. Alle Rechte vorbehalten. Das Werk ist urheberrechtlich geschützt. Jede Verwertung außerhalb der gesetzlich geregelten Fälle muss vom Verlag schriftlich genehmigt werden.

Lektorat:	Eckhard Schwettmann, Gernsbach
Covergestaltung:	DSP Zeitgeist GmbH, Ettlingen
Innengestaltung:	akuSatz Andrea Kunkel, Stuttgart
Titelfoto:	Getty Images
Satz:	PER Medien+Marketing GmbH, Braunschweig
Druck:	Grafisches Centrum Cuno GmbH & Co. KG, Calbe

Hergestellt in Deutschland.
Gedruckt auf Papier aus nachhaltiger Forstwirtschaft.

Inhalt

Vorwort 8

Reden zur Verlobung 13
Rede der Mutter zur Verlobung ihres Sohnes 13
Rede des Vaters zur Verlobung seiner Tochter 15
Rede des Vaters zur Verlobung seines Sohnes 17
Rede eines Verwandten 20
Rede der Großmutter oder des Großvaters 23
Rede eines Freundes oder einer Freundin 26

Reden zum Polterabend 29
Rede einer Freundin oder eines Freundes 29
Rede der Mutter oder des Vaters 32
Rede eines Freundes oder einer Freundin I 34
Rede eines Freundes oder einer Freundin II 36

Reden zur Hochzeit 39
Rede des Brautvaters I 39
Rede des Brautvaters II 41
Rede des Brautvaters zur standesamtlichen Trauung 43
Rede des Brautvaters zur kirchlichen Trauung 47
Rede der Brautmutter I 50
Rede der Brautmutter II 52
Rede der Brautmutter III 54

Rede des Vaters des Bräutigams zur kirchlichen Trauung	57
Rede des Vaters des Bräutigams	59
Rede der Mutter des Bräutigams I	61
Rede der Mutter des Bräutigams II	64
Rede des Großvaters	67
Rede eines Trauzeugen I	70
Rede eines Trauzeugen II	74
Rede einer Freundin der Braut	76
Rede des Bräutigams oder der Braut I	80
Rede des Bräutigams oder der Braut II	83
Rede eines Freundes	86
Rede eines Freundes zur zweiten Eheschließung	89
Begrüßung der Hochzeitsgäste	91
Dankesrede des Brautpaares	94
Trinkspruch auf das Brautpaar	96
Toast auf das Brautpaar I	97
Toast auf das Brautpaar II	97
Hochzeitsgedicht	98
Glückwunschgedicht zur Hochzeit	98

Reden zu Hochzeitstagen

Reden zu Hochzeitstagen	99
Papierne Hochzeit (1 Jahr)	99
Rede eines Freundes	99
Kupferne Hochzeit (7 Jahre)	103
Rede des Ehemannes	103

Silberne Hochzeit (25 Jahre)	106
Rede der Tochter oder des Sohnes	106
Rede eines Freundes	110
Rede des Silberbräutigams	114
Rede der Silberbraut	117
Rede eines Gastes I	120
Rede eines Gastes II	122
Rede eines Gastes III	124
Gedicht zur Silberhochzeit	127
Rubinhochzeit (40 Jahre)	128
Rede eines Freundes oder einer Freundin	128
Goldene Hochzeit (50 Jahre)	131
Rede des Sohnes	131
Rede eines Enkels	134
Rede eines Freundes oder einer Freundin	137
Rede eines Gastes I	140
Rede eines Gastes II	142
Glückwunschgedicht zur goldenen Hochzeit	145

Zitate und Sprichwörter für Hochzeitsreden   146

Ehe	146
Frauen	149
Glück	150
Hochzeit	152
Liebe und Vertrauen	155
Männer	159

Vorwort

Liebe Brautmutter, lieber Brautvater, liebe Verwandte und Freunde des Brautpaares,

bald ist also die Reihe an Ihnen, das Wort zu ergreifen und den zukünftigen Eheleuten die besten Wünsche mit auf den Weg zu geben. Eine schöne runde Rede soll es sein – nicht zu kühl und nicht zu überschwänglich.

Hochzeitsreden zeichnen sich dadurch aus, dass sie – von wenigen Ausnahmen einmal abgesehen – im privaten Kreis gehalten werden. Der Redner kann sich in der Regel sicher sein, auf allgemeines Wohlwollen zu stoßen.

Etwaige Stolperer im Vortrag werden ihm großzügig verziehen und störende Zwischenrufe, die ihn aus dem Konzept bringen sollen, wird es nicht geben.

Sie haben also keinen Grund für irgendeine Art von Lampenfieber. In aller Ruhe können Sie sich auf Ihre Rede vorbereiten und sie je nach Vorliebe auswendig gelernt vortragen oder vom Blatt ablesen.

Eine zweite Besonderheit von Hochzeitsreden: Es kommt nicht so sehr auf den perfekten Vortrag an, sondern viel mehr auf das Gefühl der inneren Anteilnahme, das der Redner den Brautleuten und den Gästen vermittelt. Und genau das können Sie erreichen, wenn Sie Ihre Rede mit persönlichen Kleinigkeiten schmücken. Bevor Sie also einleitende oder schließende Sätze formulieren, sollten Sie überlegen, was Sie den Brautleuten unbedingt sagen wollen. Das können eigene Erlebnisse sein oder Begebenheiten, die Sie mit einem der beiden verbinden. Möglich sind aber auch Erfahrungen, die für Sie wichtig sind, und die Sie weitergeben möchten oder einfach nur Wünsche, welche die beiden begleiten sollen.

Erst wenn dieser Kernteil feststeht, sollten Sie beginnen, der Rede ihre klassische Form: Einleitung, Hauptteil, Schluss, zu verleihen. Beispiele für ernste, nachdenkliche, freudige und sogar launige Reden finden Sie in diesem Buch.

Neben den Reden zur eigentlichen, zur „grünen Hochzeit", gib es auch Ansprachen für die Zeit davor: Verlobung und Polterabend sowie die Zeit danach: papierne Hochzeit, Kupferhochzeit, silberne Hochzeit usw. Die dort aufgeführten „Lebensgeschichten" sollen Ihnen als Anregung dienen. Es ist klar, dass jeder seine eigenen Erlebnisse gemacht hat, und die für dieses Buch als Beispiel ausgedachten niemals genau „passen" können.

Ein kleiner Trick, wenn Sie meinen, zu langatmig geworden zu sein: Bauen Sie Fragen in Ihren Text ein. Eine Frage spricht die Zuhörer direkt an und macht sie wieder munter und interessiert, denn automatisch beginnt jeder sofort nach einer Antwort zu suchen.

Ein weiterer kleiner Kniff: Wechseln Sie den Rederhythmus. Lassen Sie auf eine Reihe von langen Sätzen plötzlich einen kurzen folgen. Das weckt ebenfalls die Aufmerksamkeit.

Noch ein kleiner Tipp gefällig? Sorgen Sie für Überraschungen. Stellen Sie beispielsweise eine provozierende These auf: „Glück ist blind", und erläutern Sie sie im Laufe Ihres Vortrags: „Deshalb müssen wir offene Augen haben, um es zu sehen". Sagen Sie Unbequemes und sorgen Sie für Widersprüche, die Sie nach und nach auflösen.

Wer redet wann?

Bei der grünen Hochzeit ist dieser Punkt recht klar geregelt: Die Festansprachen werden während des großen Hochzeitsessens gehalten, und zwar genau zwischen der Vorspeise und dem ersten Gang. Die Eröffnungsrede gebührt traditionell dem Brautvater, dann folgt in der Regel der Vater des Bräutigams – es können aber auch die Mütter beziehungsweise die Schwiegermütter sich zu Wort melden. In der weiteren Reihenfolge kommen dann Patenonkel oder Patentante, Großeltern, weitere Verwandte und anschließend die Freunde. In letzter Zeit hat es sich übrigens immer mehr eingebürgert, dass auch Braut und Bräutigam sich mit einer kleinen Rede an ihre Gäste wenden und sich bei Ihnen für Ihre Teilnahme an der Feier bedanken.

Wie Sie sehen, kann die Liste der Redner recht lang werden. Es ist günstig, das in diesem Fall mit dem Restaurant, in der die Feier stattfindet, abzusprechen, damit die Hauptspeise in der Zwischenzeit nicht kalt wird.

Und damit der Hauptgang überhaupt noch am gleichen Abend serviert werden kann, gibt es eine ungeschriebene Regel für Hochzeitsredner: Kein Vortrag dauert wesentlich länger als fünf Minuten. Eine gute Zeitspanne, in der viel Wichtiges gesagt werden kann – und wenn jeder Redner sich eine kleine Besonderheit einfallen lässt, wird für die Zuhörer die Zeit äußerst kurzweilig.

Bei der Verlobung und den Hochzeitsjubiläen ist die Reihenfolge nicht so streng geregelt, hier kommen häufig die zukünftigen beziehungsweise die ehemaligen Brautleute als Erste zu Wort.

Ganz unkonventionell gestaltet sich der Polterabend. Hier kann vor oder nach dem Geschirrzerschlagen ganz nach

Lust und Laune geredet werden. Üblicherweise werden zu diesem Anlass keine ernsten Ansprachen gehalten. Es geht darum, möglichst viele Bedenken gegen die Ehe im Allgemeinen sowie die Ehe der zukünftigen Brautleute im Besonderen zu äußern. Erst wenn das Brautpaar sich entgegen aller geäußerten Vorbehalte füreinander entscheidet, ist es reif für die Ehe.

Verlobungsreden würdigen in der Regel den Entschluss des Paares, aus dem Stadium der unverbindlichen Freundschaft herauszutreten und offiziell ihre „ernste Absicht" bekannt zu geben.

Hochzeitsreden bekunden Freude über den Anlass, gepaart mit Erinnerungen und guten Wünschen für die Zukunft.

Reden zu den verschiedenen Hochzeitsjubiläen werden umso ernster und festlicher, je höher die Zahl der gemeinsam verbrachten Ehejahre des Jubelpaares ist. Hier überwiegen dann auch die Erinnerungen.

Dieses Buch will Ihnen Anregungen für Ihre eigene Rede geben. Vielleicht ist „Ihre" Ansprache direkt dabei. Ansonsten können Sie auch aus einzelnen Abschnitten unterschiedlicher Reden Ihre eigene Rede zusammenstellen. Denken Sie daran: Fünf Minuten reichen, um eine gute, denkwürdige und von Herzen kommende Rede zu halten.

Reden zur Verlobung

Rede der Mutter zur Verlobung ihres Sohnes

Liebe (Name der zukünftigen Schwiegertochter),
lieber (Name des Sohnes),

wie schön, dass ich jetzt in dieser Runde zu eurer Verlobung ein paar Worte sagen kann. Es liegt mir viel daran, euch auf diesem Weg mitzuteilen, wie sehr ich mich über euern Entschluss freue, den weiteren Lebensweg gemeinsam zu gehen.

Dass Ihr dies als Erstes mit einem Eheversprechen feiert, gefällt mir sehr. Um der vollen Bedeutung einer Hochzeit wirklich gerecht zu werden, ist meiner Ansicht nach auch die Vorfeier, die Verlobung, angebracht. Es ist schön, dass Ihr das auch so seht.

Eure Mitteilung vor einigen Wochen, später einmal heiraten zu wollen, hat mich nicht überrascht. Zu deutlich war es seit langem, wie sehr ihr euch liebt. Insgeheim hatte ich schon länger gehofft, dass ihr euch für eine Hochzeit entscheiden würdet. Mir ist sehr schnell aufgefallen, welch guten Einfluss ihr aufeinander ausübt. Es ist auch für mich spürbar, wie harmonisch die Atmosphäre zwischen euch ist, wenn ihr zusammen seid. Ich kann mir gut vorstellen, dass ihr euch auch weiterhin stützt und bekräftigt in euren Lebensaufgaben.

Von meinem Sohn, den ich ja nun schon etwas länger kenne als dich, liebe (Name der zukünftigen Schwiegertochter), kann ich nur sagen, dass er viel ausgeglichener und zufriedener geworden ist, seitdem du sozusagen in sein Leben eingetreten bist.

(Hier können Sie eine persönliche Beobachtung in Ihre Rede einfügen wie zum Beispiel:)

Das mag vielleicht etwas mit der frischen Rose zu tun haben, die jetzt manchmal auf seinem Schreibtisch steht. Sie gibt ihm eine gute Stimmung und ist Ausdruck eurer Verbundenheit und Nähe.

Aber auch du, liebe (Name der Schwiegertochter) machst einen überaus glücklichen Eindruck. Ich kann mir nur selbst zu dieser lieben Schwiegertochter gratulieren. Nach einem alten Sprichwort ist eine gute Schwiegertochter eine Labsal für Auge und Herz. Genauso habe ich das auch immer empfunden, wenn du zu Besuch gekommen bist. Wir haben viele gemeinsame Interessen und werden sicher auch in Zukunft schöne Stunden miteinander verbringen.

Ich freue mich über euer Glück. Lasst uns nun alle auf (Name der zukünftigen Schwiegertochter) und (Name des Sohnes) und ihren künftigen gemeinsamen Lebensweg anstoßen.

Sie leben hoch!

Rede des Vaters zur Verlobung seiner Tochter

Liebe (Name der Tochter),
lieber (Name des zukünftigen Schwiegersohnes),

heute feiert ihr Verlobung und lasst damit eine alte Sitte wieder aufleben, von der man zu Recht behaupten kann, dass sie zu den guten alten Sitten gehört. Von euch beiden weiß ich, dass ihr einen großen Freundeskreis habt, gern Gäste einladet und es liebt, zu feiern. Insofern passt es gut zu euch, dass ihr eure Verlobung im großen Kreis festlich begeht.

Liebe (Name der Tochter), lieber (Name des zukünftigen Schwiegersohnes), wir – eure Eltern – haben uns dazu entschlossen, euch zu eurer Verlobung etwas Besonderes zu schenken. Wir haben lange darüber nachgedacht, was das sein könnte: Ihr lebt schon seit geraumer Zeit zusammen und eure Wohnung ist gut ausgestattet. Deshalb haben wir uns überlegt, dass wir uns zusammentun und euch eine

Reise schenken. Wir wissen, dass ihr euch beide ausgesprochen gern in der Sonne aalt und dem Winter in unseren Breiten am liebsten entflieht. Das könnt ihr mit unserem Geschenk auch tun.

Symbolisch gesehen ist eine Reise ein äußerst passendes Geschenk für eine Verlobung. Mit dem heutigen Tag beginnt ihr eure persönliche Reise in einen neuen Lebensabschnitt. Damit der Start gelingt, ist ein kleiner Urlaub zu zweit sicher angebracht.

Der dänische Schriftsteller und Philosoph Søren Kierkegaard hat das so ausgedrückt: „Die Ehe ist und bleibt die wichtigste Entdeckungsreise, die der Mensch unternehmen kann." Ganz so weit ist es noch nicht, aber ihr seid auf gutem Weg dorthin.

Damit euch die Zeit bis dahin nicht zu lang wird, wünschen wir euch ganz viel Spaß mit unserem Geschenk. Ihr werdet auf eurer Reise viele Eindrücke sammeln, die euch sicher lange im Gedächtnis bleiben – und an schöne Erlebnisse denkt man immer wieder gern zurück, genauso wie wir an diesen Tag mit Freude zurückdenken werden.

Wir wünschen euch noch einmal alles Gute zu eurer Verlobung und viele weitere schöne Entdeckungsreisen.

Auf eure Zukunft!

> **Redezeit**
> Prüfen Sie die Länge Ihrer Rede, indem Sie den Text laut lesen und dabei die Zeit mit einer Uhr messen. Auch erfahrene Redner machen diesen Test, um die Dauer Ihrer Redezeit einschätzen zu können.

Rede des Vaters zur Verlobung seines Sohnes

Meine lieben Kinder!

Lasst mich euch zuallererst alles Glück dieser Erde wünschen auf dem Weg, den ihr nun eingeschlagen habt. Mich freut auch, dass ihr euch für eine ganz offizielle Verlobung entschieden habt. Eine Verlobung mit Sekt, mit Ringwechsel und mit öffentlicher Bekanntgabe der Heiratsabsicht ist ein wunderschöner Anlass für ein Fest. So etwas Einmaliges, finde ich, sollte man gehörig feiern.

Im Allgemeinen bezeichnet man ja den Hochzeitstag, also den Tag der Vermählung, als wichtigen und schönen Tag im Leben. Das ist sicher zutreffend. Denn an diesem Tag wird eine lang gehegte, weit in das zukünftige Leben reichende Absicht besiegelt und beurkundet. Dennoch ist die Verlobung mindestens genauso wichtig. Schließlich muss alles, was am Hochzeitstag passiert, schon vorher geplant werden. Und eben die Absicht dieser Planung wird mit der Verlobung bekannt gegeben. Sie ist das Eheversprechen, mit dem die gemeinsame Zukunft – auch offiziell – beginnt.

Im europäischen Mittelalter war es üblich, der Braut zur Verlobung einen Ring zu überreichen. Mit der Annahme des Ringes galt die Verlobung als bestätigt. Die Braut trug den Ring fortan am Ringfinger, damit jeder sehen konnte, dass sie bereits vergeben war.

Auch ihr habt euch als Zeichen eurer Verbundenheit jeder einen Verlobungsring an den Ringfinger der linken Hand gesteckt. Diesem Finger wird seit der Antike eine besondere Bedeutung zugesprochen. Er soll eine eigene Ader, die direkt zum Herzen führt, besitzen. Das Anstecken der Ringe bewirkt, dass die Liebe noch stärker fließen kann.

Eine schöne Sitte – auch wenn ich den Eindruck habe, dass bei euch die Fließgeschwindigkeit bereits ohne Ringe enorm war.

Liebes Brautpaar, die Aussichten für eure Zukunft erscheinen mir als äußerst günstig.

Rede des Vaters zur Verlobung seines Sohnes

(Hier kann auf die persönliche Lebensgeschichte der Brautleute eingegangen werden. Ein Beispiel:)

Zum guten Gelingen bringt ihr beide eine gute Berufsausbildung mit. Ihr befindet euch zwar erst am Beginn der beruflichen Karriere, doch alle Türen stehen euch offen.

Und auch die Familie meiner zukünftigen Schwiegertochter ist so, wie man sie sich nur wünschen kann. Es ist schließlich nicht ganz unwichtig für das gemeinsame Leben der jungen Leute, ob auch zwischen den eigenen und den „angeheirateten" Eltern „die Chemie stimmt". Und dass sie sehr gut stimmt, das haben wir bereits höchst erfreut festgestellt.

So kann ich euch, liebe (Name der Braut), lieber (Name des Bräutigams), für die Zukunft eigentlich nur Gutes wünschen. Wie schrieb doch der berühmte französische Dichter Victor Hugo? „Die Zukunft hat viele Namen. Für die Schwachen ist sie das Unerreichbare. Für die Furchtsamen ist sie das Unbekannte. Für die Mutigen ist sie die Chance."

Für euch beide ist die Zukunft eine Chance, denn ihr zählt zu den Mutigen. Dass ihr das Beste aus eurer Chance macht, darauf möchte ich nun das Glas heben und auf euch, liebe (Name der Braut), lieber (Name des Bräutigams) trinken.

Werdet glücklich miteinander!

Rede eines Verwandten

Liebe Gäste! Liebes Brautpaar!

Ihr beide, liebe (Name der Braut), lieber (Name des Bräutigams), habt mit dem heutigen Tage ein Ziel erreicht und euch gleichzeitig ein weiteres gesetzt: die Trauung.

Sich Ziele im Leben zu stecken und sie auch zu erreichen ist äußerst wichtig.

Das beginnt bereits in der Schulzeit, wenn uns der Abschluss als größtes Ziel vor Augen steht. Mit Ungeduld wird der Tag erwartet, an dem wir das Schlusszeugnis in Händen halten. Und ist es dann so weit, kommt gleichzeitig der Tag der Trennung von dem Ort, an dem wir einen großen Teil unseres bisherigen Lebens verbracht haben: von der Schule. Der eine freut sich wie kaum jemals vorher, der andere fühlt ein bisschen Wehmut im Herzen, denn eigentlich ist es ja ein Tag der Trennung von einem ganzen Lebensabschnitt. Diese Wehmut hält in der Regel aber nicht lange an.

Dafür ist gar keine Zeit, denn schon wird das nächste Ziel ins Auge gefasst: der Beruf. Die Ausbildungszeit beginnt und sie verschlingt viel Energie und Ausdauer. Der Abschluss ist schneller da, als man erwartet hatte, und eine neue Hürde ist genommen.

Rede eines Verwandten

So oder so ähnlich verlaufen die ersten Lebensabschnitte bei den meisten von uns. Danach folgt jeder eher seinen ganz persönlichen Vorstellungen. Der eine wünscht sich erst einmal, viele Reisen zu machen, die Welt kennenzulernen. Der andere spart dagegen auf den Bau eines eigenen Hauses oder auf die eigene Wohnung. Und der Dritte möchte sich auf seine berufliche Karriere konzentrieren.

Für euch beide ist das angestrebte Ziel (hier das persönliche Ziel der Brautleute einfügen wie beispielsweise:) die Gründung einer eigenen Familie. Womit natürlich nicht gesagt ist, dass ihr nicht auch die Welt kennenlernen und beruflich erfolgreich sein wollt. Mit der Verlobung, dem Eheversprechen, habt ihr einen mutigen Schritt getan, denn dahinter steht schließlich die Absicht, ein ganzes Leben lang beieinanderzubleiben.

Früher, als in Mitteleuropa noch Hochzeiten arrangiert wurden, hatte die Verlobung hauptsächlich wirtschaftliche Gründe. Die Eltern der Brautleute prüften gegenseitig, in welche Familie ihr Kind einheiraten würde, auch „Gewissmachen" genannt. Heute entfällt dies glücklicherweise und die Frage nach dem richtigen Partner fürs Herz steht im Vordergrund. Die habt ihr beide euch bereits beantwortet.

Jetzt geht es nur noch um die Frage, wie man es anstellt, lange und glücklich zusammenzuleben. Am besten haben mir hierzu die Gedanken des libanesischen Schriftstellers und Malers Khalil Gibran gefallen: „Liebt einander, aber macht eure Liebe nicht zur Fessel. Lasst sie wie ein wogendes Meer zwischen den Ufern eurer Seelen sein. Steht zusammen, doch nicht zu nah. Die Säulen des Tempels stehen für sich und Eiche und Zypresse wachsen nicht im Schatten des anderen."

Liebe (Name der Braut), lieber (Name des Bräutigams): Die Liebe als dauerhaft wogendes Meer zwischen den Ufern eurer Seelen – das ist es, was ich euch wünsche.

Möge diese Zukunft so gut verlaufen und so angenehm ausfallen, wie ihr beide sie euch vorstellt! Auf das junge Paar!

Hinweis für die Leser:
Nicht jede Rede dieses Buches kann auf alle Bedürfnisse zugeschnitten sein. Dafür sind Teile dieser Reden austauschbar. Wenn Sie also auf Anhieb nicht die passende Rede für sich finden, schauen Sie auch bei den anderen Hochzeitsreden nach, ob Sie hieraus etwas verwenden können. Sicher wird Ihnen dann zumindest eine Idee für die Gestaltung Ihres Vortrags kommen.

Rede der Großmutter oder des Großvaters

Liebe (Name der Enkelin), lieber (Name ihres Verlobten),

lasst euch zu Anfang ein Wort von Johann Wolfgang von Goethe mitgeben: „Man muss oft etwas Tolles unternehmen, um nur wieder eine Zeit lang leben zu können."

Ihr beiden unternehmt heute etwas ganz besonders Tolles – ihr feiert mit uns eure Verlobung. Im Grunde genommen gehört dieses Fest neben der Hochzeit mit zu dem Abenteuerlichsten, was ein Mensch in seinem Leben unternehmen kann. Man muss sich selbst schon sehr gut kennen und sich seiner und seines Partners ganz sicher sein, um ein derart weitreichendes Versprechen, wie das Eheversprechen, geben zu können.

Ihr seid euch sicher – das sieht man euch an.

So sicher und so froh, wie ich selbst vor vielen Jahren, als ich mich mit Großvater verlobte. Eine Verlobung und anschließende Hochzeit mit Folgen, wie ihr an eurer Mutter, eurer Tante und eurem Onkel sehen könnt. Wie es damals zuging, und was eine Verlobung bedeutete, davon will ich euch jetzt kurz erzählen.

(Hieran anschließend können Sie ein persönliches Erlebnis schildern wie zum Beispiel die Großmutter:)

Wie ihr sicher wisst, war es für Verliebte früher wesentlich schwieriger, sich allein zu treffen, als es heute ist. Es musste möglichst immer jemand mit dabei sein, damit nichts „Unschickliches" passierte.

Deshalb war immer, wenn Großvater und ich uns zum Kino oder zum Tanztee verabredeten, mein jüngerer Bruder als „Anstandswauwau" mit dabei. Eine ungute Regelung für alle Beteiligten. Natürlich wollten wir ungestört sein und auch mein jüngerer Bruder hätte in der Zeit lieber etwas anderes unternommen, als auf uns „Turteltäubchen", wie er uns nannte, aufzupassen. Er fühlte sich dann als fünftes Rad am Wagen, wie er mir später einmal sagte.

Großvater und ich waren viel vorsichtiger, als man es heute ist, weil eine Frau, die nach damaligen Maßstäben zu weit ging, sehr schnell einen schlechten Ruf bekam. Als wir beide merkten, dass wir uns liebten, drängten wir darauf, uns zu verloben.

Euer Opa und mein zukünftiger Mann hielt also bei meinen Eltern förmlich um meine Hand an. Das war damals so üblich. Mir fiel ein Stein vom Herzen, als sie sofort zustimmten. Ich hatte nämlich von anderen Familien gehört, dass die Eltern mit ihrem Schwiegersohn in spe nicht einverstanden waren und ihre Zustimmung versagt hatten.

Für die Verlobung wurde dann ein Termin angesetzt und ein kleines Fest vorbereitet. Ihr dürft euch unsere Verlobung jedoch nicht als solch eine Feier vorstellen, wie ihr sie heute feiert. Unser beider Eltern hatten damals nach dem Krieg nicht viel Geld, sodass die Verlobung nur im kleinen Kreis stattfand. Das Essen wurde von uns selbst zubereitet. Einiges brachten auch die Gäste mit.

Ich erinnere mich noch, wie glücklich Großvater und ich an diesem Tag waren. Auch wir hatten das Gefühl, etwas ganz Tolles getan zu haben.

So wie für Großvater und mich mit der Verlobung die gute gemeinsame Zeit begann, habe ich bei euch ebenfalls die Gewissheit, dass ihr euch alles reiflich überlegt habt und das Richtige tut.

Lasst uns deshalb auf die gute, neue Zeit und auf das glückliche Paar anstoßen!

Rede eines Freundes oder einer Freundin

Liebe (Name der Verlobten), lieber (Name des Verlobten),

wisst ihr noch, was wir als Kinder immer mehrfach hintereinander gerufen haben, wenn wir einen Jungen und ein Mädchen ärgern wollten? „Verliebt, verlobt, verheiratet", das haben wir ihnen hinterher geschrien, und meistens waren die Betroffenen richtig wütend darüber, zumindest aber liefen sie vor lauter Scham knallrot an.

Wenn wir heute „verliebt, verlobt, verheiratet" hinter euch her rufen würden, würdet ihr wahrscheinlich nur lächeln. Ärgern würdet ihr euch jedoch bestimmt nicht, schließlich trifft die Aussage auf euch zu, zumindest halbwegs, denn „verheiratet" kann man euch noch nicht hinterher rufen.

(Hieran anschließend können Sie eine persönliche Begebenheit schildern. Ein Beispiel:)

Vor zwei Jahren, als ihr euch kennen gelernt habt, da wart ihr zwar noch nicht gleich ineinander verliebt, aber doch sehr aneinander interessiert. Ich weiß das aus eigener Erfahrung zumindest von (Name des Verlobten), denn er hat mich detailliert über dich, (Name der Verlobten), ausgefragt: Was du so machst, ob du einen Freund hast und vieles mehr. Von (Name), deiner Freundin, habe ich erfahren, dass du, (Name der Ver-

lobten), es ähnlich gemacht hast – auch du wolltest so viel wie möglich über (Name des Verlobten) wissen. Für uns alle war es deshalb nur eine Frage der Zeit, bis ihr zusammenfinden würdet.

Doch ganz so leicht habt ihr es euch dann doch nicht gemacht. Nachdem ihr ein paar Mal etwas gemeinsam miteinander unternommen hattet, wolltest du, (Name der Verlobten), dein Interesse an (Name des Verlobten) nicht mehr ganz so deutlich zeigen – warum, weiß ich nicht. Das werde ich wohl auch nie erfahren, deinem Lächeln nach zu urteilen. Du hast dich deshalb mit anderen Männern verabredet und (Name des Verlobten) einfach abblitzen lassen. Ich weiß gar nicht, ob du dir vorstellen kannst, wie enttäuscht (Name des Verlobten) war, nachdem er sich mehrere Abfuhren von dir eingeholt hatte.

Daraufhin entschloss er sich, es dir mit gleicher Münze heimzuzahlen und verabredete sich mit anderen Frauen, worauf du, (Name der Verlobten), wiederum ziemlich verärgert reagiert hast. Wahrscheinlich wärt ihr aus lauter Enttäuschung gar nicht mehr zusammengekommen, wäre da nicht meine Geburtstagsfeier gewesen, zu der ich euch beide eingeladen hatte.

In der Tat, ihr fandet wieder zusammen und rasch entwickelte sich daraus mehr. Nach relativ kurzer Zeit seid ihr gemeinsam in eine Wohnung gezogen.

Das Zusammenleben muss euch wohl noch stärker voneinander überzeugt haben, denn sonst gäbe es wohl kaum heute diese Feier. Ich weiß nicht, wie es euch beziehungsweise Ihnen, liebe Gäste, geht, aber mir war sehr bald klar, dass die beiden in absehbarer Zeit ihr „Verhältnis" legalisieren würden. Und das tun sie mit dem heutigen Tag, nicht vor Staat oder Kirche, sondern vor uns. Allerdings bin ich mir sicher, dass auch die Hochzeit nicht mehr lange auf sich warten lassen wird.

Darum lasst uns nun auf (Name der Verlobten) und (Name des Verlobten) und natürlich den alten Vers „Verliebt, verlobt, verheiratet" anstoßen.

Reden zum Polterabend

Rede einer Freundin oder eines Freundes

Liebe (Name der Braut), lieber (Name des Bräutigams),

die Nacht vor der Hochzeit ist eine ganz besondere Nacht. Das sieht man schon daran, dass ihr heute mit uns euren Polterabend, euren Abschied vom Junggesellen- und Junggesellinnendasein, feiert.

Jetzt habt ihr natürlich eine letzte Chance, euch noch einmal genau zu überlegen, ob ihr morgen wirklich den Weg vor den Standesbeamten und den Traualtar antreten wollt. Nach alter Tradition will ich euch heute darauf aufmerksam machen, dass es nun allmählich ganz schön ernst wird. Oder wie der italiensche Cartoonist Mordillo meinte: „Nachdem Gott die Welt erschaffen hatte, schuf er Mann und Frau. Um das Ganze vor dem Untergang zu bewahren, erfand er den Humor."

An uns werdet ihr heute Abend jedenfalls eure helle Freude haben. Wir haben uns nämlich für euch so einiges ausgedacht. Selbstverständlich hat jeder von uns eine ganze Menge Porzellan mitgebracht, um es vor eurer Haustür in Tausende von Scherben zerschellen zu lassen, wie es sich für einen Polterabend gehört. Ärgert euch nicht darüber, dass ihr den ganzen Scherbenhaufen wieder entfernen und entsorgen dürft – freut euch stattdessen lieber, denn viele Scherben bringen bekanntlich viel Glück.

Ich hoffe, dass euch die Blumen und Girlanden, mit denen wir den Eingang zu eurer Wohnung geschmückt haben, gefallen. Sie sollen als Symbol für die Freude stehen, die ihr empfinden werdet, wenn ihr euch morgen im Standesamt euer Jawort gebt.

Wahrscheinlich werdet ihr ein bisschen aufgeregt sein, wenn euch der Standesbeamte fragt, ob ihr einander heiraten wollt. Sicherlich wird er zuerst dich, (Name der Braut), fragen, ob du (Name des Bräutigams) zum Mann nehmen willst.

Vielleicht wirst du dann etwas nervös sein, denn schließlich könnte (Name des Bräutigams) immer noch Nein sagen. Und dir, (Name des Bräutigams), wird vielleicht ein Kloß im Hals sitzen, sodass du das Gefühl hast, du bekämst kein Wort heraus. Komisch eigentlich, dass es in dieser besonderen Situation so schwer fällt, ein kleines Wörtchen wie das „Ja" auszusprechen. Im Normalfall kommt es uns doch ganz locker über die Lippen.

Rede einer Freundin oder eines Freundes

Und doch, ihr werdet sehen: So schwierig es zunächst scheinen mag, Ja zu sagen, so froh werdet ihr anschließend sein, wenn es euch gelungen ist.

Das zweite Ja in der Kirche wird euch bestimmt schon leichter fallen – schließlich habt ihr dann schon ein wenig Übung. Außerdem werden dann auch wir, eure Freunde, als Unterstützung in der Kirche anwesend sein. Das lassen wir uns doch nicht nehmen!

In jedem Fall wollen wir heute Abend noch einmal kräftig feiern – das wird sicherlich euer Lampenfieber dämpfen. Außerdem haben wir ein paar Spiele und einige andere Festeinlagen vorbereitet, die euch etwas ablenken und vielleicht auch beruhigen werden.

Aber feiert euren Polterabend nicht zu kräftig, damit ihr eure Hochzeit mit klarem Kopf erlebt und nicht nach eurer Trauung sagt, ihr wärt noch so benebelt gewesen, dass ihr gar nicht wusstet, was ihr eigentlich tut. Dann schiebt ihr uns womöglich noch die Schuld dafür in die Schuhe, dass ihr geheiratet habt!

Doch Spaß beiseite: Wenn ich euch so ansehe, bin ich davon überzeugt, dass ihr wisst, was ihr tut, und dass ihr eure Entscheidung im vollen Bewusstsein getroffen habt.

Lasst uns nun darauf anstoßen, dass es morgen ein unvergesslicher Tag für euch wird, an den ihr immer wieder gern zurückdenkt! Auf unser Brautpaar!

> **Eigene Aussprüche einfügen**
> Nicht zu jedem Gedanken lässt sich das passende Zitat finden. Formulieren Sie eigene Aussprüche, indem Sie beispielsweise Ihren Einfall als Gegensatz ausdrücken: „Ehemann werden ist nicht schwer, Ehemann sein dagegen sehr". Heben Sie Ihr Bonmot bei der Rede durch besondere Betonung hervor.

Rede der Mutter oder des Vaters

Liebe (Name der Tochter), lieber (Name des Bräutigams),

so kurz vor eurer Hochzeit möchte ich euch noch ein paar Gedanken mit auf den weiteren Weg geben. Ich bin der Meinung, dass auch Besinnliches zum Vorabend der Hochzeit hinzugehört – schließlich trefft ihr morgen eine weitreichende Entscheidung für euer Leben.

Bestimmt kennt ihr das Buch „Der kleine Prinz" von Antoine de Saint-Exupéry. In diesem Buch kommt ein wunderschöner Satz vor, den ich hier kurz zitieren möchte: „Du bist zeitlebens für das verantwortlich, was du dir vertraut gemacht hast." Diese Worte sagt ein Fuchs zum Weltenbummler, dem kleinen Prinzen, und dieser nimmt sie sich sehr zu Herzen.

Du, liebe (Name der Tochter), hast dir (Name des Bräutigams) – um mit den Worten des kleinen Prinzen zu sprechen – so vertraut gemacht, dass du ihn morgen heiraten wirst. Und dir, (Name des Bräutigams), geht es mit (Name der Tochter) genauso. Ihr seid demzufolge füreinander verantwortlich – ab morgen noch stärker, als ihr es bisher wart.

Gemeint ist mit dem Satz, dass ihr dafür verantwortlich seid, dass es dem anderen an eurer Seite gut geht. Wenn das beide so sehen und umsetzen, ist das eine faire Regelung und gute Grundlage für ein harmonisches Zusammenleben. Bei euch beiden habe ich den Eindruck, dass ihr längst schon danach handelt.

Meine Tochter erkenne ich kaum wieder, mit welcher Selbstverständlichkeit sie Pflichten übernimmt, sobald sie mit (Name des Schwiegersohnes) zu tun haben. Und bei meinem Schwiegersohn staune ich öfter darüber, wie liebevoll er sich um meine Tochter kümmert.

Es scheint euch direkt Spaß zu machen, für den anderen verantwortlich zu sein. Ich bin überzeugt davon, dass ihr eine gute und harmonische Ehe führen werdet.

Liebes Brautpaar, liebe Gäste, erhebt gemeinsam mit mir jetzt die Gläser: Wir wünschen euch, liebe (Name der Tochter), lieber (Name des Bräutigams), morgen erst einmal eine wunderschöne Hochzeit und danach eine glückliche Ehe!

Rede eines Freundes oder einer Freundin I

Verehrte Familie! Liebe Freunde! Liebe Heiratswillige!

Mit dem Polterabend feiern wir mit euch den Abschied sowohl vom Junggesellen- als auch vom Junggesellinnendasein. Um die künftige Ehezeit gehörig einzuläuten, haben wir heute mit Scherben vor eurer Haustür gepoltert. Schließlich ist es besser, wenn das Geschirr vor der Hochzeit zerbrochen wird als danach.

Allerdings ist dieses Fest wohl eher eine Feier für die anwesenden Gäste. Mit all dem zerschlagenen Porzellan ist der Polterabend für die zukünftigen Eheleute dagegen die erste große Bewährungsprobe. Sie müssen gemeinsam den Scherbenhaufen mit Schaufel und Besen beseitigen – und das vor den Augen sämtlicher Gäste. Genüsslich wird von allen Seiten kommentiert wer die Schaufel und wer den Besen nimmt. Wer die Scherben zum Container bringt und wer zum Schluss das Heftpflaster besorgt.

Nun, liebe (Name der Braut) und lieber (Name des Bräutigams), zeigt uns jetzt bitte, wie gut ihr auch in schwierigen Situationen miteinander harmoniert, damit auch unsere letzten Lästerungen, die wir heute traditionell aussprechen dürfen, ins Leere greifen.

Bismarck sagte in einer seiner Reden: „Nichts ist besser geeignet, die Verschmelzung der widerstrebenden Elemente zu fördern, als gemeinsame Arbeit an gemeinsamen Aufgaben." Allerdings hat er damit wohl nicht euch gemeint, denn „widerstrebende Elemente" gehen normalerweise keine Ehe ein.

Der amerikanische Schauspieler und Schriftsteller Eddie Cantor sagte dazu: „Die Ehe ist ein Versuch, zu zweit mit den Problemen fertig zu werden, die man alleine niemals gehabt hätte." Wo er recht hat, hat er recht: Ein Single kommt nie in die Verlegenheit, mit dem Problem eines Polterabend-Scherbenhaufens fertig zu werden …

Genug gelästert! Für uns Freunde ist dies ohnehin die letzte Möglichkeit, in das Geschehen einzugreifen. Und so erheben wir nun unsere Gläser auf das junge Paar.

Lasst uns euch mit diesem Fest in die Ehe geleiten. Auf dass diese Scherben euch zwei unverbesserlich Heiratswilligen Glück bringen mögen und es euch niemals verlässt!

Rede eines Freundes oder einer Freundin II

Liebe Freunde! Verehrtes Brautpaar!

Nachdem nun die schwere Arbeit des Porzellanzerschlagens getan ist, wollen wir zum gemütlichen Teil der Veranstaltung übergehen.

Ihr habt die Straße wieder freigeschaufelt, und immer noch hat niemand etwas von einem Vorehestreit vernommen. Wir Gäste müssen uns also noch mehr anstrengen. Nachdem wir euch schon nicht zum Streiten bringen konnten, müssen wir uns aufs Unken verlegen.

Bevor ihr morgen wirklich aufs Standesamt geht und die Absicht in die Tat umsetzt, möchte ich deshalb noch die letzte Gelegenheit nutzen, um euch vor dem unüberlegten Schritt zu warnen. Habt ihr denn auch alle Konsequenzen eures Tuns bedacht?

Ich habe ein altes Sprichwort gefunden, welches lautet: „Die Ehe ist ein Hafen im Sturm, öfters aber ein Sturm im Hafen." Damit, liebe (Name der Braut) und lieber (Name des Bräutigams), will ich euch vorbereiten auf das, was noch auf euch zukommt. Es soll keiner sagen, er sei nicht vorgewarnt gewesen.

Denn, wie eine andere Weisheit behauptet: „Nach den Flitterwochen kommen die Zitterwochen." Was jetzt noch wie die höchste Vollendung eures Glücks aussieht, zu dessen Anlass man gern auch mal ein paar Porzellanteller zerschlägt, könnte sich ja auch als Mogelpackung herausstellen.

„Die Ehe ist eine Lotterie", meint dazu der englische Dichter Ben Jonson. Das heißt, man kann Glück haben – oder auch nicht. Auf jeden Fall wird die Ehe langweilig und prosaisch, wie der englische Schriftsteller Beverly Nichols behauptet: „Die Ehe ist ein Buch, dessen erstes Kapitel in Poesie und dessen restliche Kapitel in Prosa geschrieben sind".

Ich sehe, ihr lacht heimlich und wollt partout nicht auf mich hören. Ich muss also noch stärkere Argumente aufführen. Jean-Paul Sartre hilft hier weiter: „Ehe ist in vielen Fällen lebenslängliche Doppelhaft ohne Bewährungsfrist und Strafaufschub, verschärft durch Fasten und gemeinsames Lager."

Recht pessimistisch klingt auch das, was ein russisches Sprichwort weiß: „Selbst eine gute Ehe ist eine Bußzeit." Ein anderes russisches Sprichwort setzt sogar noch eins drauf, wenn es uns sagt: „Gehst du in den Krieg, so bete einmal. Gehst du zur See, zweimal. Gehst du aber in die Ehe, so bete dreimal."

Na – seid ihr jetzt endlich erschüttert? Haben euch meine warnenden Worte überzeugt? Nein? –

Es hilft also alles nichts! Ihr nehmt mich ja doch nicht ernst. So will ich nun meine Unkenrufe beenden und euch für den großen Tag von Herzen alles Gute wünschen und gutes Gelingen für die darauf folgende Ehezeit.

Zeigt uns, dass sie Unrecht haben, die pessimistischen Dichter und die neidischen Zeitgenossen. Beschämt die ewigen Nörgler und Zweifler und vor allem – genießt euer Glück!

Hoch lebe das Brautpaar!

Reden zur Hochzeit

Rede des Brautvaters I

(für die Rede benötigt werden zwei dekorative Herzen aus Glas, Porzellan oder einem anderen Material. Wer möchte, schneidet zwei Herzen aus rotem Tonkarton aus. Die beiden Herzen werden vor Beginn der Rede auf die Teller der Brautleute gelegt.)

Liebe (Name der Braut),
lieber (Name des Bräutigams),
liebe Gäste,

es ist für mich eine ganz besondere Freude, die Rede zu eurer Hochzeit zu halten. Wir, Mutter und ich, wünschen euch alles Glück der Welt, Gesundheit und Zufriedenheit für euren weiteren Lebensweg. Möge sich auch in Zukunft alles so fügen, wie ihr es erhofft und plant.

Dieses Fest ist ein guter Anfang eures Ehelebens. Wir haben euch als Symbol das Herz gewählt. Sehr passend, wie ich meine, denn bekanntlich stehen Herzen für immerwährende Liebe. Und genau sie ist der Grund und Anlass für dieses Fest.

Nicht so bekannt ist, dass Herzen neben der Liebe auch für Kraft, Ausdauer und Durchhaltevermögen stehen. Genau diese Eigenschaften sind wichtig für eine gute Partnerschaft.

Aber Herzen können noch mehr: Bereits im alten Ägypten galten sie als Zentren der Emotionen und des Verstandes. Im Mittelalter kam noch die Bedeutung als Sitz der Seele, des Glaubens und der Weisheit hinzu.

Ihr seht, je mehr man sich mit euerm Symbol beschäftigt, umso mehr gewinnt es an Tiefe. Verstand, Gefühl, Glaube und Weisheit, das sind die Grundpfeiler, die nicht nur die Partnerschaft, sondern jeden von euch einzeln stärken und begleiten sollen.

Das heißt: nicht ganz. Ein Element fehlt noch. Könnt ihr es erraten? Es verbirgt sich in der Farbe des Herzens: dem Rot.

Rot steht für Blut, in diesem Fall nicht für blutrünstig, sondern für schwungvolles Leben. Damit seien gleichzeitig mit eingeschlossen Gesundheit und Glück.

Jetzt haben wir sie alle zusammen, die Elemente, aus denen sich eine glückliche Zukunft für ein so hoffnungsvolles Paar, wie ihr beide es seid, bauen lässt. Nutzt sie zu eurem Besten.

Mutter und ich haben euch zwei Herzen auf die Teller gelegt, die euch auch später an euer Hochzeitssymbol erinnern sollen. Wir schenken uns gegenseitig übrigens ebenfalls gern etwas, dass die Form eines Herzens besitzt, weil auch wir dieses Symbol sehr schätzen. Wie ihr an uns sehen könnt, ist es ein gutes Symbol, dass auch nach Jahren nichts von seiner Aussagekraft verliert.

Liebe (Name der Braut), lieber (Name des Bräutigams), ich wünsche euch nun „von Herzen", dass ihr immer so glücklich miteinander seid, wie heute.

Lasst uns alle anstoßen auf diesen besonderen Tag.

Rede des Brautvaters II

Liebes Brautpaar,
liebe Verwandte und Freunde,

zunächst einmal möchte ich mich bei allen Gästen herzlich dafür bedanken, dass sie unsere Einladung angenommen haben, um gemeinsam mit uns die Trauung von (Name der Braut) und (Name des Bräutigams) zu feiern. Dies ist ein großer Tag, der uns allen immer in guter Erinnerung bleiben wird. Viel wurde vorher hinter den Kulissen geplant und vorbereitet und alle, ja wirklich alle, haben mitgewirkt. Wir hatten Mühe, es vor euch geheim zu halten, und ich hoffe, die Überraschung ist uns gelungen.

(Hier bietet sich ein persönlicher Einschub an wie beispielsweise:)

Liebe (Name der Braut) und (Name des Bräutigams), eure Mütter und Geschwister (Vornamen der Mütter und Geschwister) haben gemeinsam die Hochzeitszeitung erstellt, die ihr vor euch auf dem Teller liegen habt (Applaus). Darin werdet ihr Erstaunliches über eure Vergangenheit und auch über eure Zukunft erfahren. Die Väter, also (Name des Vaters des Bräutigams) und ich, haben sich um die Musik, die euch im Laufe des Abends noch zu Ohren kommen wird, gekümmert und eure Freunde (Namen der Freunde) haben den wunderbaren Tischschmuck geschaffen (Applaus). Die Schwester von (Name des Bräutigams) ist für die unglaublich leckere Hochzeitstorte zuständig. Ich kann es beurteilen, weil ich ein Probestück naschen durfte (Applaus).

Liebes Brautpaar, ihr seht, wir freuen uns sehr über eure Wahl und begrüßen es von Herzen, dass ihr heute geheiratet habt. Diese eure Hochzeit gehört für uns alle zu den großen Lebensfesten. Mutter und ich sind sehr ergriffen, erinnert uns eure Heirat doch auch an unsere eigene Trauung und an unsere bewegenden Jahre danach. Wie im Flug sind sie vorbeigegangen. Ich kann jetzt alle Brautväter verstehen, die von einem lachenden und weinenden Auge berichten, wenn sie von der Hochzeit der eigenen Tochter sprechen. Dabei hat eure Zukunft schon längst begonnen: Ihr wohnt bereits seit geraumer Zeit zusammen und habt einen Hausstand, den ihr gemeinsam hervorragend führt.

Ich freue mich darauf, euch besuchen zu kommen, um mit dir (Name der Braut) zu plaudern oder mit dir (Name des Bräutigams) *(angeln zu gehen)*.

Liebe (Name der Braut) und lieber (Name des Bräutigams), liebe Gäste, dies ist ein wertvoller, erhebender Tag. Lasst uns zusammen ein Glas auf (Name der Braut) und (Name des Bräutigams) trinken. Auf dass alle eure Hoffnungen und Träume in Erfüllung gehen. Mutter und ich wünschen es euch von Herzen. Zum Wohl!

Rede des Brautvaters zur standesamtlichen Trauung

Liebe (Name der Tochter),
lieber (Name des Bräutigams), liebe Freunde,

die Trauung ist nun vorüber, jetzt kann die Hochzeitsfeier so richtig beginnen. Erst einmal meinen ganz herzlichen Glückwunsch, liebe (Namen von Braut und Bräutigam). Ich wünsche euch, dass ihr zwei euch immer so gut verstehen werdet wie am heutigen Tag.

Für alle, die mich noch nicht kennen sollten, ich bin der Vater der Braut – Entschuldigung, ich meine natürlich der frischgebackenen Ehefrau. Und ich will euch allen heute kurz berichten, wie sich der Brautvater an einem Tag wie diesem – und natürlich vorher – fühlt.

(Hieran anschließend können Sie ein persönliches Erlebnis schildern wie zum Beispiel:)

Als (Name der Tochter) und (Name des Bräutigams) meiner Frau und mir eröffneten, dass sie heiraten wollen, war ich eigentlich heilfroh. Ich sagte zu mir selbst: „Na, dann ist deine Tochter endlich versorgt, sodass sie dir nicht mehr auf der Tasche liegen kann." (Ich muss allerdings gestehen, dass [Name der Tochter] schon seit Jahren auf eigenen Füßen steht; aber man weiß ja nie, was passiert.)

Außerdem dachte ich so bei mir, dass es ja auch wirklich an der Zeit ist, dass sie heiratet. Diese Gedanken habe ich selbstverständlich weder in Gegenwart von meiner Tochter noch in der von meiner Frau geäußert, denn beide wären mir sicher – und das mit Recht – sofort an den Kragen gegangen.

Nun ja, das waren jedenfalls meine ersten Gedanken. In der Nacht nach dieser schicksalhaften Eröffnung hätte ich demnach eigentlich gut schlafen müssen, doch das genaue Gegenteil war der Fall. Ich lag stundenlang wach und grübelte. Hatten (Namen von Tochter und Bräutigam) wirklich die richtige Entscheidung getroffen? War meine Tochter nicht doch noch zu jung, um zu heiraten? War (Name des Bräutigams) der richtige Mann für sie? Wie würde ich damit zurechtkommen, dass es in (Name der Tochter) Leben nun einen wichtigeren Mann als mich, ihren Vater, gab?

Das war natürlich schon vorher der Fall, ich hab es mir nur nicht eingestehen wollen. Würde meine „kleine" Tochter mit mir jemals wieder so offen sprechen, wie sie es vor (Name des Bräutigams) Zeit getan hatte? Und würde ich mit der Einsicht fertig werden, dass meine Tochter nun endgültig erwachsen ist?

Nicht nur, dass mir all diese Fragen durch den Kopf schossen – ich fühlte mich auf einmal auch steinalt. Kein Wunder, dass mich in dieser Nacht auch noch Albträume heimsuchten, nachdem es mir endlich gelungen war, einzuschlafen.

Ich träumte, dass ich es nie verwinden könnte, wenn (Name der Tochter) heiratet. Ich träumte außerdem, dass (Namen von Tochter und Bräutigam) nach ihrer Hochzeit mit dem Finger auf mich zeigten und mich hämisch auslachten. Schweißgebadet wachte ich auf.

Meine Frau, die mitbekommen hatte, dass ich so unruhig schlief, war auch aufgewacht und fragte mich, was denn mit mir los sei. Ich schilderte ihr meine Albträume und meine Befürchtungen.

Wisst ihr, was sie daraufhin tat? Sie fing schallend an zu lachen. Im ersten Moment fühlte ich mich absolut unverstanden, doch kurze Zeit später musste ich in ihr Lachen einstimmen. Sie sagte: „Klar, dass du so oder ähnlich reagieren würdest. So gelassen du dich auch immer gibst, ich habe dir doch an der Nasenspitze angesehen, dass du Angst hast, deine Tochter zu verlieren. Doch dafür gibt es überhaupt keinen Grund – ganz im Gegenteil. Du gewinnst mit (Name des Bräutigams) noch einen Sohn hinzu."

Und wieder einmal hatte meine Frau mehr über mich gewusst als ich über mich selbst. Jedenfalls redeten wir in dieser Nacht noch eine längere Zeit über die bevorstehende Hochzeit. Meiner Frau gelang es tatsächlich, alle vorhandenen Zweifel auszuräumen.

Und nun sitzen wir heute hier, haben die standesamtliche Trauung gefeiert und freuen uns mit (Namen von Tochter und Bräutigam) über ihr Glück. Auch ich freue mich natürlich, denn ich merke, wie gut sich unser frischgebackenes Ehepaar versteht und wie gern sie sich haben.

Aber ich sehe schon: Meine Frau zwinkert mir gerade zu. Deshalb will ich noch kurz sagen, dass ich natürlich immer noch etwas eifersüchtig auf den Mann bin, der meine Tochter geheiratet hat. Doch wenn ihr zwei uns versprecht, uns möglichst oft zu besuchen, dann will ich ihm noch einmal verzeihen.

Falls ihr zudem noch schnell dafür sorgt, dass ich bald ein Enkelkind auf dem Schoß halten kann, werde ich ganz bestimmt auch nie wieder eifersüchtig sein – das verspreche ich. Jedenfalls wünsche ich dir, liebe (Name der Tochter), und meinem neuen „Sohn" (Name des Bräutigams) alles, alles Gute und dass euch euer Glück nie abhandenkommt.

Darauf lasst uns nun unser Glas erheben. Zum Wohl!

Hauptsätze, Hauptsätze!
Vermeiden Sie komplizierte Schachtelsätze. Lange Nebensätze erfordern von Ihren Zuhörern eine erhöhte Konzentration, die sie auf einem lockeren Fest wie einer Hochzeit nicht immer aufbringen möchten. Das Beste für Ihre Rede sind klar und treffend formulierte Hauptsätze.

Rede des Brautvaters zur kirchlichen Trauung

Liebes Brautpaar! Verehrte Gäste!

Mit dem heutigen Tag beginnt für euch beide ein völlig neuer Lebensabschnitt. Ihr habt euch als Paar öffentlich zueinander bekannt und dazu den Segen der Kirche erbeten.

Ein mutiger Schritt. Ich freue mich, dass ihr ihn gewagt habt, und heiße eure Entscheidung gut. Wie ihr wisst, habe ich dass sofort gesagt, als ihr Mutter und mir erzähltet, dass ihr heiraten wollt.

Natürlich haben wir als Eltern uns manchmal gefragt, ob wir unsere Tochter auf den so genannten „Ernst des Lebens" genug vorbereitet haben. Ist sie bereits fit für eine Ehe und den Aufgaben, die da auf sie zukommen, gewachsen?

(Hieran anschließend können Sie ein persönliches Erlebnis schildern wie zum Beispiel:)

Sie entwischte ja unserem Einfluss schon recht frühzeitig. Bereits mit achtzehn Jahren hat sie das Elternhaus verlassen. Da gab es kaum mehr eine Möglichkeit für elterliche Lenkung.

Doch ich muss zugeben, der Weg, den sie einschlug, ist günstig für eine gelungene Ehe: Es trieb sie zum Betriebswirtschaftsstudium. Was könnte eine zukünftige Ehefrau Besseres mitbringen als fundiertes Wissen über die Haushaltsführung – im Kleinen wie im Großen? Von dieser Seite aus kann also nur Gutes passieren.

Das Tüpfelchen auf das i in ihrem Schliff gab sie sich jedoch in England. Dort verbrachte sie sechs Monate als Au-pair-Mädchen. Jetzt kann sie den Haushalt auch auf Englisch führen.

Rede des Brautvaters zur kirchlichen Trauung

Nicht ganz ohne die Eitelkeit eines stolzen Vaters möchte ich darum meinen Schwiegersohn beglückwünschen. Du hast eine kluge Wahl getroffen. Aber ich will gleichzeitig auch uns als Eltern beglückwünschen zu dem neuen Familienmitglied, unserem Schwiegersohn. Mit dir hat meine Tochter eine glückliche Wahl getroffen.

(Hier sollten ein paar persönliche Anmerkungen zum Schwiegersohn eingefügt werden wie beispielsweise:)

Du bist besonnen und behältst auch einen kühlen Kopf, wenn die Dinge sich im Alltag einmal überschlagen. Dein Informatikstudium hilft dir sicher dabei, Ungeordnetes rasch zu analysieren und Wichtiges sofort zu erfassen. Das ist goldwert für eine so quirlige und lebendige Partnerschaft, wie ihr sie lebt.

Jetzt wünsche ich euch beiden alles Glück dieser Erde für euren neuen und so bedeutsamen Lebensabschnitt. Ich bin voller Vertrauen in eure Fähigkeit, diese Ehe gut zu führen. Und wenn's dennoch einmal irgendwo Schwierigkeiten gibt, so habt ihr noch Eltern, die ihr gern um Hilfe oder Rat fragen könnt.

In diesem Sinne: Erheben wir das Glas auf unser junges Paar. Auf dass die Zukunft den beiden ein harmonisches und freudvolles Eheleben beschere!

> **Hinweis für die Eltern des Brautpaares:**
> Ihre Reden sind für das Brautpaar sehr wichtig. Nachdem sich die beiden Hochzeiter den weltlichen und kirchlichen Segen für ihre Verbindung geholt haben, ist es für sie von großer Bedeutung, nun auch die Zustimmung ihrer Eltern zu erhalten. Bedenken Sie deshalb bei Ihrer Rede, dass Sie Ihre Einwilligung in die Verbindung noch einmal ganz deutlich formulieren.

Rede der Brautmutter I

Liebes Brautpaar!
Liebe Familie, verehrte Gäste!

Heute ist ein Freudentag! (Namen der Brautleute) haben geheiratet.

Auch wenn ich im Gegensatz zu meiner eigenen Hochzeit jetzt nur Zuschauer bin, war ich bei der Zeremonie genauso aufgeregt, wie damals vor dreißig Jahren, als ich (Name des Ehemannes), meinen Mann, heiratete.

Unsere Tochter hat mit (Name des Schwiegersohnes) den Partner fürs Leben gefunden und beginnt mit ihm heute auch offiziell einen neuen Lebensabschnitt.

Rede der Brautmutter I

Ich gestehe: Insgeheim habe ich es mir schon lange gewünscht, dass die beiden heiraten, obwohl sie auch ohne Trauschein äußerst glücklich und zufrieden zusammenlebten. Jedenfalls hat unsere Tochter mit ihrer Heirat nicht nur sich, sondern auch uns einen Lebenswunsch erfüllt.

Und nicht nur das: Pflichtbewusst und genau, wie sie nun einmal ist, hat sie auch gleich die Familiengründung damit verbunden. Sie brachte uns nämlich nicht nur einen offiziellen Schwiegersohn ins Haus, sondern auch gleich die frohe Botschaft mit, dass wir Großeltern werden würden.

Das, liebe Gäste, liebes Brautpaar, nenne ich dann eine wirkliche Familiengründung. Und so können wir uns heute doppelt freuen. Vermutlich war dies ja auch mit ein Grund, warum wir heute eine Trauung feiern können. Wenn sich Nachwuchs einstellt, ist es auch heute noch gut, wenn die Eltern verheiratet sind.

Es wird also in absehbarer Zeit schon bald ein weiteres Familienfest geben. Und so ist es fast schon überflüssig, euch beiden, liebe (Name der Tochter) und lieber (Name des Bräutigams), Glück zu wünschen, denn ihr besitzt es ja bereits.

So wünsche ich euch für die Zukunft, dass euer Glück euch erhalten bleibt und euer gemeinsames Leben so harmonisch und friedvoll verläuft wie bisher – demnächst zu dritt!

Rede der Brautmutter II

Liebe (Name der Braut), lieber (Name des Bräutigams),

vor euch auf dem Tisch steht die brennende Traukerze. Ihr habt eure Namen und das Heiratsdatum hineingravieren lassen, damit ihr durch sie an den heutigen Tag erinnert werdet.

Die Flamme dieser Kerze wird als Symbol für die Liebe angesehen, genauer gesagt, eurer Liebe: Sie soll strahlend leuchten, die Sinne erhellen sowie euch und eure Mitmenschen wärmen.

Bereits im Mittelalter gab es Hochzeitskerzen. Sie sollten bei der Trauung die Gebete für das Hochzeitspaar in den Himmel tragen. Auch eurer Hochzeitskerze traue ich diese Eigenschaft zu. Ich jedenfalls bin sicher, dass meine Wünsche für euch über sie an die richtige Stelle geleitet wurden.

Liebe Kinder, ich freue mich aus ganzem Herzen, dass wir heute gemeinsam mit unseren lieben Gästen hier euer Hochzeitsfest feiern. Vater und ich sind glücklich, dass ihr euch zu diesem Schritt entschlossen habt, und freuen uns, jetzt auch offiziell (Name des Bräutigams) als Sohn in unserer Familie begrüßen zu dürfen. Ich bin sicher, dass

Rede der Brautmutter II

er unser Leben bereichern wird, und hoffe, dass er sich ebenso wohlfühlt mit seiner neuen Familie.

Ihr seid bereits lange genug zusammen, um zu wissen, dass der Himmel nicht immer voller Geigen hängt. Gemeinsam habt ihr bereits vieles bewältigt, wofür ich euch im Übrigen bewundert habe. Ausbildung, Beruf und junge Liebe immer unter einen Hut zu bringen, ist keineswegs einfach. Ihr habt dies alles bislang wunderbar gelöst und werdet es auch weiterhin schaffen, Probleme, wenn's sein muss, auch unkonventionell aus dem Wege zu räumen.

Sollten dennoch einmal Gewitterwolken am Horizont auftauchen, erinnert euch an eure Traukerze. In Griechenland wird ihr nämlich eine zusätzliche Bedeutung zugesprochen: Ihre Flamme soll die Fähigkeit besitzen, die Verfehlungen des letzten Tages zu bereinigen.

Allerdings glaube ich nicht, dass ihr sie oft benötigen werdet. Ihr geht so gut miteinander um, hört darauf, was der andere sagt und unterstützt euch in euren Zielen, dass ihr alles nur weiterhin so zu machen braucht wie bisher, um keine Probleme miteinander zu bekommen.

Liebe (Name der Braut) und lieber (Name des Bräutigams), das Licht eurer Hochzeitskerze steht für Freude, Hoffnung und ewige Liebe. Wenn ich mir eure Kerze so anschaue, werde ich an eine chinesische Weisheit erinnert, die dies mit den wunderbaren Worten zusammenfasst: „Alle Dunkelheit der Welt kann das Licht einer einzigen Kerze nicht auslöschen."

In diesem Sinne wünsche ich euch eine glückliche gemeinsame Zukunft.

Auf Euer Wohl!

Rede der Brautmutter III

(Für diese Rede benötigen Sie zwei große langstielige Sonnenblumen, die Sie während der Rede in der Hand halten. Statt frischer Blumen können Sie auch Deko-Sonnenblumen aus Seide verwenden.)

Liebe Kinder,

Sonnenblumen tragen ihren Namen zu Recht: Während eines sonnigen Sommertages richten sie ihre Knospen ständig neu nach dem wechselnden Sonnenstand aus. Diese Eigenschaft und ihr strahlendes Aussehen haben ihnen in vielen Ländern den Beinamen „Sonne" eingebracht. Die Engländer beispielsweise nennen sie „Sunflower" die Italiener „Girasole" und die Franzosen „Tournesol". Selbst ihr botanischer Name „Helianthus annuus" nimmt darauf

Bezug. Er ist von den griechischen Wörtern „helios" Sonne und „anthos" Blume abgeleitet.

Die Fähigkeit, sich weiter zu entwickeln und sich dabei nach der Sonne wenden, das ist es, was ich euch für die Zukunft wünsche, und deshalb schenke ich euch diese Sonnenblumen als Symbol für Wachstum und Zuversicht. Gemeinsam zu wachsen und zu reifen und dabei ein Ziel fest im Auge zu behalten, genauso wie diese Blumen, die dann eines Tages ihre wunderschönen Blüten entwickeln, das erfordert Kraft und Beständigkeit, die ich euch hiermit zuspreche.

Wärme gehört eben dazu. In Eis und Schnee können Sonnenblumen nicht gedeihen. Die Wärme: Damit, liebes Brautpaar, meine ich eure Liebe. Diese Liebe ist die Grundlage für eure gute Entwicklung. Ich wünsche euch, dass sie euch ein Leben lang einhüllt, schützt und stärkt.

Liebe (Name der Braut) und (Name des Bräutigams), Vater und ich sind sehr froh, dass ihr euch gefunden habt. Wir sind sicher, dass ihr gut miteinander harmoniert und euer weiteres gemeinsames Leben ausgezeichnet meistern werdet. Ihr beide seid verantwortungsbewusst, mutig und dabei behutsam und bedacht zugleich – eine gute Mischung, um eine stabile Ehe zu führen.

Seid euch sicher, wir sind nach wie vor für euch da. Ihr könnt immer zu uns kommen, denn wir freuen uns, wenn wir an euern Freuden und Sorgen teilnehmen können. Wir wissen, dass es nicht nur helle Tage gibt, und möchten euch an den dunkleren dabei helfen, die Sonne möglichst schnell wieder zu finden.

Mit diesen Sonnenblumen als Zeichen (*Heben Sie an dieser Stelle die Sonnenblumen für alle gut sichtbar in die Höhe und überreichen Sie sie dem Brautpaar*) wünsche ich euch viele gelb-goldene Tage, wobei hiermit auch die Sonne in euren Herzen gemeint ist. Sie soll euch an allen Tagen des Jahres scheinen.

Was tun gegen Nervosität?

Zunächst einmal: Vor einer Rede nervös zu sein, ist ganz natürlich. Versuchen Sie, sich den Druck zu nehmen. Bei Ihrer Hochzeitsrede haben Sie ein Ihnen wohlgesinntes Publikum vor sich. Sie dürfen Rührung zeigen, sogar Tränen sind verständlich. Gegen den trockenen Mund hilft ein Schluck Wasser, den Sie zu Beginn der Rede und auch zwischendurch zu sich nehmen können. Die kleine Trinkpause verschafft Ihnen Zeit, um sich zu sammeln und zum Text wieder zurückzufinden.

Rede des Vaters des Bräutigams zur kirchlichen Trauung

Liebe Hochzeitsgäste, liebe Verwandte und Freunde! Mein liebes Brautpaar!

„Doppelt genäht hält besser", heißt es. Dies habt ihr zwei euch zum Motto genommen und euch, nun auch mit dem Segen der Kirche, zum zweiten Mal und mit einem entschiedenen „Ja" gegenseitig eure Liebe versichert.

Bekanntlich gilt erst jetzt, nachdem ihr zum zweiten Mal „Ja" zu eurem Lebensbund gesagt habt, eure Ehe vor den Augen der Kirche als „Bund des Lebens". Bisher habt ihr sozusagen noch eine „wilde Ehe" geführt. Wie „wild" sie war, könnt nur ihr zwei beurteilen, auf jeden Fall war sie harmonisch und gut, denn sie hat uns ein fröhliches, gesundes Mädchen geschenkt und mich zugleich zum glücklichen Opa gemacht.

Und das ist ja nun wirklich eine wunderbare Zugabe zu eurer Eheschließung. Mit ihr bekommt außerdem der Satz „Doppelt genäht hält besser" eine tiefere Bedeutung. Ihr habt zum zweiten Mal „Ja" zum Partner, zur Partnerin gesagt, obwohl, oder besser gesagt: gerade weil ihr die Ehe schon kennengelernt habt. Das bürgt nun für wirkliche Qualität. Ihr könnt euch also gar nicht geirrt haben.

Liebes Hochzeitspaar, eigentlich sollte ich euch an dieser Stelle noch Ratschläge für die guten und für die schlechten Tage mit auf den Weg geben. Aber darüber kann ich euch ja nun gar nichts Besonderes mehr sagen! „Schnee von gestern" würdet ihr mir zurufen und gleich abwinken. Und das mit Fug und Recht.

Die beiden wesentlichen Ereignisse des Ehelebens, die auch die meisten Schwierigkeiten verursachen, habt ihr ja schon kennengelernt: den Alltag zu zweit und den Alltag mit Kind. So will ich euch nun nicht mit guten Ratschlägen langweilen, Ratschläge, die ihr euch selbst vielleicht sogar besser geben könnt.

Nur eines will ich euch noch mit auf den Weg geben: Liebes Brautpaar, ihr sollt wissen, dass ich immer für euch da bin, in guten wie in schlechten Tagen, vor allem aber auch in „AllTagen". Es gibt im Leben immer wieder einmal Situationen, in denen die Unterstützung oder Hilfe eines Vaters, eines Schwiegervaters, vielleicht auch eines Großvaters gerade das Richtige ist. Für solche Wechselfälle des Lebens stehe ich gern zur Verfügung.

Zum Abschluss nun doch noch einen Rat, der eigentlich für jede Ehe gilt: Nehmt euch, ein jeder für sich, nicht selbst allzu ernst und nicht allzu wichtig. Oder, um es mit Eduard

Mörike zu sagen: „Wer keinen Humor hat, sollte eigentlich nicht heiraten."

In diesem Sinne wünsche ich euch nun alles Glück dieser Erde. Bei einem so glücklichen Anfang kann dem nun nichts mehr im Wege stehen.

Rede des Vaters des Bräutigams

Liebe (Name der Braut), lieber (Name des Bräutigams), liebe Gäste,

„Finde ein Mädchen, lass dich nieder", singt Cat Stevens in seinem berühmten Lied „Father and Son". „Und wenn du es für richtig hältst, dann heirate", heißt es, frei übersetzt, weiter.

Ja, mein lieber Sohn, genau das ist es, was ich dir gewünscht habe, seitdem ich sah, dass dir die Kinderschuhe nicht mehr passen: eine bezaubernde (warmherzige, liebevolle) Frau zu finden, mit der du zusammen dein Leben gestalten kannst. Das ist die erste Aufgabe in deinem Leben gewesen, bei der ich dir nicht helfen konnte. Wir sind nicht mehr im Mittelalter, wo die Eltern die Ehepartner für ihre Kinder aussuchen, meist mit eigenen finanziellen Interessen – aber das führte zu weit vom Thema weg. Du musstest diese Aufgabe also ganz alleine für dich lösen und ich konnte nur, wieder mit Cat Stevens, denken: „Einst war ich genau wie du, und ich weiß, es ist nicht einfach."

Nein, leicht hast du es dir nicht gemacht. Insgeheim habe ich Ähnlichkeiten in deinem Verhalten bemerkt und mich darüber gefreut. Einige Höhen und Tiefen hast du durchlebt und vieles dabei gelernt. Aber du hast dir Zeit genommen, nichts überstürzt und viel nachgedacht. Ich habe es bemerkt und gewusst, du bist auf dem richtigen Weg. Wie sehr, sehr richtig dein Weg war, konnte ich jedoch nicht ahnen. Wirklich persönliche Dinge – und da bist du nicht anders, als ich es war – hast du nicht mit deinen Eltern beredet. Mutter und ich wussten lange Zeit nichts von (Name der Braut). Erst als ihr beide euch schon eine Weile kanntet, hast du sie uns vorgestellt. Es war dir wichtig, dass wir sie annehmen, und daran erkannte ich, wie ernst es dir war.

Ich hoffe, liebe (Name der Braut), lieber (Name des Sohnes), dass meine Worte euch vermitteln können, wie sehr ich mich über euren Entschluss zu heiraten freue. Mein Sohn, du hast eine der schwierigsten Aufgaben deines Lebens mit Bravour gelöst: Du hast deine andere Hälfte gefunden, von der der griechische Philosoph Plato schrieb, dass jeder sie suche. Ich hoffe und glaube nun, dass auch du ein guter Ehemann sein wirst.

Liebe (Name der Braut), ich heiße dich heute nun auch ganz offiziell herzlich im Kreis unserer Familie willkommen und hoffe, dass du dich bei uns wohlfühlst. Wir kennen uns jetzt schon eine ganze Weile, und ich habe den Eindruck, dass du es bereits tust. Ich freue mich sehr darüber, denn Mutter und ich möchten dir gute Schwiegereltern sein. Komm weiterhin so frisch und fröhlich zu uns. Mutter und ich sind da, wenn ihr uns braucht.

Liebe Gäste, erhebt nun alle mit mir das Glas, um auf das Glück von (Name der Braut) und (Name des Bräutigams) anzustoßen. Auf dass sie sich auch weiterhin so achten und lieben wie heute.

Rede der Mutter des Bräutigams I

(Für diese Rede benötigen Sie viele frische Rosen, und zwar für sich, das Brautpaar und alle Gäste. Je eine Rose legen Sie zuvor auf die Teller des Brautpaares und der Gäste.)

Liebes Brautpaar,

für euch soll es rote Rosen vom Himmel regnen! Und zwar so viele, dass der Wetterdienst durcheinander gerät.

Wenn es ein Paar gibt, dass sich Rosen zur Hochzeit verdient hat, dann seid ihr zwei das. Als Ausdruck unserer Freude über eure Hochzeit habe ich euch sowie jedem Gast eine frische Rose auf den Teller gelegt. Auch Vater und ich halten jeder eine Rose in den Händen, wie ihr seht.

Als Symbol der Liebe ist die Königin der Blumen unübertroffen. Wer mit einer einzelnen Rose in der Stadt unterwegs ist, wird von wildfremden Leuten verständnisvoll angelächelt. Das Symbol wird auch ohne Worte verstanden: „Dieser Mensch mit der Rose muss verliebt sein."

Verliebt seid ihr beide, und zwar schon eine ganze Weile. Viel zu lange, als dass man es für eine vorübergehende Gefühlsregung halten könnte. Heute nun habt ihr geheiratet und damit eure Entschlossenheit bekräftigt, euer weiteres Leben gemeinsam zu gestalten. Vater und ich freuen uns darüber. Wir sind glücklich, dass ihr beide euch gefunden habt.

Mit dem Symbol der Rose möchten wir euch vor allem Schädlichen, was euch begegnen könnte, schützen. Diese Bedeutung der Rose ist bereits sehr alt. Im Märchen wird sie durch eine Rosenhecke dargestellt. Diese Hecken galten als undurchdringlich, nicht nur für Mensch und Tier, sondern auch für böswillige Geister. Damit sind auch die hässlichen Ehegeister gemeint, die besonders gern unverhofft erscheinen.

Ein wenig wie im Märchen kommt mir auch eure Hochzeit vor. Bei der Trauung brauchte ich plötzlich ein Taschentuch – es war sehr bewegend, wie ruhig und entschlossen ihr euch euer Ja-Wort gegeben habt.

Ich muss mich immer noch daran gewöhnen, dass mein Sohn jetzt erwachsen ist. Er geht seine eigenen Wege – gute Wege, wie ich meine, die ihn letztlich zu dir (Name der Braut) geführt haben. Von nun geht ihr sie gemeinsam.

Im Märchen ist eine Hochzeit in der Regel das Ende, bei euch jedoch ist sie der Anfang einer, wie wir alle hoffen, wunderbaren Geschichte.

Liebe Gäste, ich bitte sie jetzt, ihre Rosen hochzuhalten und gemeinsam mit Vater und mir unseren beiden Jungvermählten zuzurufen:

„Hoch lebe das Brautpaar!"
Glück und Segen für eure Zukunft.

Rede der Mutter des Bräutigams II

Liebe (Name der Braut), lieber (Name des Sohnes),

seit genau vier Stunden seid ihr nun ein Ehepaar. Wie ihr sicher wisst, freue ich mich sehr darüber. Deshalb möchte ich jetzt gern ein paar Worte an euch und die ganze Hochzeitsgesellschaft richten.

Vier Stunden seid ihr nun verheiratet – das ist eine kurze Zeitspanne und ich hoffe, dass noch viele, viele Stunden, Tage, Wochen, Monate und Jahre hinzukommen werden.

Diese vier Stunden sind wie im Fluge vergangen. Ihr habt zunächst die Glückwünsche aller Gäste entgegengenommen und vor der Kirche einen Baumstamm zersägt. Danach sind wir hierher gefahren und haben zunächst auf euer Wohl angestoßen.

Selbstverständlich wurden dann auch noch Hochzeitsfotos gemacht, denn einen solchen Tag muss man einfach im Bild festhalten.

Nun sitzen wir hier und warten darauf, dass das Hochzeitsessen aufgetragen wird. Es sind für uns alle unvergesslich schöne Stunden.

Rede der Mutter des Bräutigams II

Damit ihr zwei noch viele weitere glückliche Stunden verlebt, hier ein paar kleine Tipps von einer seit Langem glücklich verheirateten Ehefrau:

Sagt euch Tag für Tag, dass es nichts Alltägliches ist, mit dem geliebten Menschen zusammenzuleben. Genießt die Freude, wenn ihr euch nach einem langen Arbeitstag wiederseht. Lasst die beruflichen Sorgen im Büro oder sprecht mit eurem Partner darüber – vielleicht kann er bzw. sie euch helfen.

Auf keinen Fall dürft ihr zulassen, dass diese Sorgen eure Freizeit überschatten. Schließlich kann euer Partner nichts für den Ärger, mit dem ihr euch beruflich herumschlagen müsst.

Falls ihr euch einmal über irgendwelche Eigenschaften oder Angewohnheiten eures Partners ärgern solltet, lasst es ihn nicht allzu deutlich spüren. Denkt immer wieder daran, welche Eigenschaften ihr am jeweils anderen mögt, und haltet euch vor Augen, warum ihr euch in euren Partner verliebt habt und aus welchen Gründen ihr ihn geheiratet habt.

Macht euch niemals in Gegenwart anderer über euren Partner lustig. Ihr setzt ihn damit herab. Und kein Mensch mag es, herabgesetzt zu werden. Außerdem zeugt es nicht von besonders großer Zuneigung, wenn man den eigenen Partner vor anderen lächerlich macht.

Lasst dem anderen seine Freiräume. Jeder Mensch sollte hin und wieder Aktivitäten nachgehen, die ihm ganz allein Freude bereiten. Man muss nicht ständig dabei sein, wenn der andere etwas unternimmt.

Versucht euch nach jedem Streit, den es auch in der besten Ehe gibt, möglichst rasch wieder auszusöhnen. Seid nicht zu stur, sondern lenkt ein, selbst wenn ihr der Ansicht seid, im Recht zu sein.

Akzeptiert es, wenn sich der andere für einige Stunden von euch zurückzieht. Das bedeutet ja nicht, dass er euch weniger mag, es heißt nur, dass der andere zwischenzeitlich auch einmal seine Ruhe braucht.

So, jetzt genug der guten Ratschläge. Euch klingen wahrscheinlich schon die Ohren vor lauter mütterlicher Tipps.

Hebt mit mir das Glas und stoßt auf das Glück von (Name der Braut) und (Name des Sohnes) an.

Mögen sie immer so glücklich miteinander sein wie heute!

Rede des Großvaters

Liebe (Name der Braut), lieber (Name des Bräutigams), liebe Freunde, sehr geehrte Gäste!

Heute, an euerm Hochzeitstag, darf der Großvater als Gratulant nicht fehlen! Es ist mir ein Bedürfnis, meiner Lieblingsenkelin und ihrem Mann ganz offiziell zu ihrer Heirat alles Gute zu wünschen – und wie könnte ich das besser tun, als mit einer kleinen Ansprache?

So oft erlebt man heutzutage ja keine großen Hochzeitsfeiern mehr – die meisten Paare trauen sich heute nicht mehr vor den Traualtar. Deshalb bin ich umso glücklicher, dass ihr, (Name der Braut) und (Name des Bräutigams), den Mut gefasst habt, euch das Jawort zu geben.

(Hier können Sie persönliche Einzelheiten einfügen wie beispielsweise:)

Natürlich hättet ihr auch weiterhin ohne Trauschein zusammenleben können, denn an eurer bisherigen Situation ändert sich ja nicht viel. Jeder von euch verdient sein eigenes Geld, und da es bei euch beiden in etwa die gleiche Summe ist, habt ihr von eurer Heirat keine steuerlichen Vorteile. Selbst wenn bereits Kinder da wären, hätte der Trauschein keine einschneidenden rechtlichen Veränderungen nach sich gezogen.

Auch ist es heute nicht mehr notwendig zu heiraten, um eine gemeinsame Wohnung zu beziehen, um zusammen in den Urlaub zu fahren und im Hotel ein Doppelzimmer zu teilen oder um geschäftliche Dinge füreinander erledigen zu können. Schließlich gibt es Vollmachten, mit denen man viele Dinge des Lebens regeln kann. All dies kann also nicht der Grund dafür gewesen sein, warum ihr geheiratet habt.

Daher glaube ich, dass es die Liebe war, die euch zu dem Schritt bewogen hat zu heiraten. Ihr wolltet euch und der Öffentlichkeit damit zeigen, dass ihr zusammengehört und auch in Zukunft zusammenbleiben wollt. Darüber bin ich überglücklich, denn ohne Liebe wäre die Ehe wie ein Vogel ohne Flügel.

Und ich muss es wissen, denn in meiner Jugend hat ein Paar nicht immer allein aus Liebe geheiratet. Manche Ehen wurden damals aus Gründen der Vernunft geschlossen, zum Beispiel weil die Eltern im Zusammenschluss ihrer Kinder Vorteile sahen.

Auch heute werden ja noch Ehen aus rein materiellen Gründen eingegangen, etwa weil sich ein Partner eine finanzielle Absicherung durch den anderen verspricht. Auch das ist bei euch nicht der Fall – zum Glück!

Ich stelle mir gerade vor, wie es gewesen wäre, wenn meine Frau, deine Großmutter, (Name der Braut), mich nur geheiratet hätte, weil mir ein gutes Einkommen oder ein größeres Vermögen zur Verfügung gestanden hätte. Ich glaube, dann wären wir heute längst nicht mehr zusammen – schließlich hätte sie dann bestimmt nicht so viel Verständnis für mich aufgebracht, sondern sich nach geraumer Zeit von mir getrennt und sich den Unterhalt von mir finanzieren lassen.

So aber leben wir nun bereits seit gut achtundvierzig Jahren glücklich und zufrieden miteinander und haben uns auch in schlimmen Zeiten immer wieder zusammengerauft. Und das alles nur, weil wir uns immer noch lieben.

Klar, die Liebe bleibt im Verlauf einer Ehe nicht immer gleich – das zu glauben wäre irrig. Außerdem wäre es langweilig. Die Liebe ändert sich mit der Zeit: Herrschen am Anfang noch Leidenschaft und große Verliebtheit vor, wächst mit der Zeit die Vertrautheit, die Geborgenheit und das Zugehörigkeitsgefühl zum Partner.

Man kann die Liebe in einer Zweierbeziehung mit einem Feuer vergleichen. Zu Beginn ist sie wie ein großes Strohfeuer – sie lodert hell und heiß. Nach einiger Zeit wird das Feuer immer kleiner, doch es wärmt einen viel besser. So wie ein gemütlicher Kamin, an dem man immer wieder gern sitzt und keine Furcht haben muss, sich zu verbrennen. Dieses Feuer muss natürlich auch immer wieder ein wenig geschürt werden, damit es nicht verlöscht.

Bei euch beiden bin ich mir sicher, dass ihr darauf achtet, euer Feuer nicht ausgehen zu lassen.

Darauf lasst uns anstoßen – und natürlich auf die Liebe, die (Name der Braut) und (Name des Bräutigams) zusammengeführt hat!

Rede eines Trauzeugen I

Liebe (Name der Braut), lieber (Name des Bräutigams),

mit eurer Hochzeit habt ihr euch selbst ein unvergessliches Erlebnis bereitet, und auch mir, wie auch allen anderen Gästen, einen ganz besonderen Tag beschert.

Trauzeugen sind ja heute in Deutschland nicht mehr vorgeschrieben. Umso mehr habe ich mich gefreut, als ihr mich vor einiger Zeit gefragt habt, ob ich einer eurer Trauzeugen sein möchte. Keine Frage, dass ich sofort und ohne groß zu überlegen zugesagt habe. Es ist für mich eine besondere Ehre, dass ihr mich darum gebeten habt, dieses ganz persönliche Amt zu übernehmen.

Als wir heute zum Standesamt gingen, war ich deshalb ein bisschen aufgeregt. Ich habe häufiger nervös in meine Taschen gegriffen, wie ihr bestimmt alle gesehen habt.

Rede eines Trauzeugen I

Denn auf einmal hatte ich ein seltsames Gefühl und war ich mir gar nicht mehr sicher – ob ich ihn auch wirklich eingesteckt habe.

Man stelle sich das nur einmal vor – ein Trauzeuge, der seinen Ausweis vergessen hat und sein ehrwürdiges Amt nun aus diesem Grund nicht ausüben kann – nicht auszudenken!

Aber meine Angst war zum Glück unbegründet. Natürlich hatte ich meinen Ausweis eingesteckt – ich konnte ihn vor Aufregung nur auf die Schnelle nicht finden.

Als dann der Standesbeamte mit seiner Rede begann, war ich immer noch sehr nervös. Diesmal aber, weil mir der tiefere Sinn der Zeremonie erst jetzt so richtig zu Bewusstssein kam. Ihr beiden, (Name der Braut) und (Name des Bräutigams), schient mir dagegen die Ruhe selbst zu sein. Vielleicht lag das aber auch daran, dass ihr euch seit Langem sicher wart, dass ihr zusammenbleiben und einmal heiraten würdet.

(Hier können Sie Ihren persönlichen Eindruck von der Eheschließung schildern. Allerdings müssen Sie hierbei beachten, dass Sie diese Rede-Ergänzung erst nach der Trauung einfügen können. Ein Beispiel:)

Der Standesbeamte begann seine Hochzeitsrede mit einem Zitat, das ich wirklich ganz besonders für euch passend fand. Er sagte: „Soweit die Erde Himmel sein kann, so weit ist sie es in einer glücklichen Ehe." Dieser wunderschöne Satz stammt von der österreichischen Schriftstellerin Marie von Ebner-Eschenbach. Ich kann dem nur aus eigener langjähriger Ehe-Erfahrung zustimmen und weiß, auf euch warten ebenfalls „himmlische" Jahre.

Dann begann die eigentliche Zeremonie. Als ihr aufstehen musstet, um euch vor dem Standesbeamten das Jawort zu geben, war ich gespannt wie ein Flitzebogen: Wie würdet ihr euer Einverständnis in die Eheschließung wohl bekunden – mit fester oder zittriger Stimme?

Du, (Name der Braut), hast keinen Augenblick gezögert, du sagtest laut, deutlich und für alle Anwesenden unüberhörbar: „Ja, das will ich!" Deine Stimme klang so stark und fest, dass ich wirklich überrascht war. Man konnte deinen klaren Entschluss zu dieser Heirat allein dem Klang deiner Stimme entnehmen.

Ihr lächeltet euch an – unglaublich, welche Zärtlichkeit in euren Blicken lag – und (Name des Bräutigams) sagte ebenfalls deutlich „Ja, ich will!" Auch von dem festen Klang seiner Stimme war ich beeindruckt. Unmissverständlich machte (Name des Bräutigams) mit diesen drei Worten klar, dass es ihm ernst und wichtig ist, dies vor seiner Braut und allen Anwesenden zu bezeugen.

Rede eines Trauzeugen I

Anschließend musstet ihr unterschreiben. Ich wunderte mich, dass dir, (Name der Braut), die Unterschrift mit dem neuen Nachnamen so leicht von der Hand ging.

Ja, und dann waren wir – eure Trauzeugen – an der Reihe: Mir klopfte nun das Herz bis zum Hals. Ich war der festen Überzeugung, dass die ganze Hochzeitsgesellschaft es hören müsste. Doch diejenigen, die ich hinterher gefragt habe, sagten, sie hätten mir meine Aufregung gar nicht angemerkt. Ganz erstaunlich!

Jedenfalls mussten wir Trauzeugen nun auch unsere Unterschrift leisten und ich muss gestehen, mir zitterte die Hand ein wenig dabei – vor Freude. An diesem besonderen Bund darf ich teilhaben! Wie gern bezeuge ich, dabeigewesen zu sein, als ihr euch euer Eheversprechen gegeben habt.

Jetzt sind wir hier, um eure Heirat gebührend zu feiern. Darum lasst uns gemeinsam auf (Name der Braut) und (Name des Bräutigams) und auf einen unvergesslichen Tag anstoßen.

Zum Wohl!

> **In Bildern reden**
> Bilder bringen Leben in die Rede. Sobald Sie etwas Abstraktes wie beispielsweise Treue, Ehe, Liebe oder Glück in Ihre Rede miteinbeziehen möchten, drücken Sie es möglichst mithilfe von Metaphern, also Bildern, aus. „Wie schön, dass Ihr nun in den Hafen der Ehe ein-gelaufen seid", klingt einfach besser als: „Wie schön, dass Ihr geheiratet habt."

Rede eines Trauzeugen II

Liebe (Name der Braut), lieber (Name des Bräutigams)!

Ihr habt es getan! Ihr habt euch heute das Ja-Wort gegeben. Damit habt ihr nun auch öffentlich bekräftigt, dass ihr euern weiteren Lebensweg gemeinsam gehen wollt.

Eure Entscheidung, euch vor Gott und der Welt zueinander zu bekennen, finde ich mutig und folgerichtig zugleich. Eure innige Verbundenheit war auch ohne Trauring für jeden sichtbar.

Rede eines Trauzeugen II

Ich kann euch gar nicht sagen, wie sehr ich mich darüber freue, dass ihr mich zum Trauzeugen gewählt habt. Als solcher habe ich überlegt, was ich euch heute symbolisch auf euern Lebensweg mitgeben kann.

Passend und wie auf euch zugeschnitten erschien mir nach längerem Nachdenken das Sinnbild eines Fahrrades zu sein. Natürlich keines normalen Rades, sondern eines Tandems, des Fahrrads für zwei, die sich gut verstehn.

(Wenn sich das Brautpaar ein Tandem wünscht, können Sie ihm auch eines schenken. In diesem Fall ist jetzt der richtige Moment gekommen, es in den Festraum hineinzurollen.)

Solch ein Paar-Fahrrad möchte ich euch nun symbolisch schenken, damit ihr nicht die ganze Strecke des Weges zu Fuß gehen müsst. Es ist ein besonderes Fahrrad, denn es funktioniert nur dann richtig, wenn ihr es gemeinsam nutzt. Einer allein kommt mit ihm nicht weit. Nur wenn zwei, die gut miteinander harmonieren, zusammen in die Pedale treten, zeigt es seine Stärke. Dann seid ihr nämlich schneller als alle anderen, die nur mit einem Single-Rad unterwegs sind. Zu zweit geht vieles eben leichter – nicht nur das Fahrradfahren.

Wie gesagt, es kommt auf die Harmonie der Fahrer an. Wenn einer von euch unerwartet bremst, kann das zu unsanften Schleuderbewegungen führen. Ich bin mir aber sicher, dass ihr dann schnell die Kurve wieder kriegt.

Auch solltet ihr darauf achten, regelmäßig die Sitze zu wechseln, damit nicht ständig einer den Lenker hält während der andere im Windschatten mitfährt.

Das Rad hat übrigens keinen Rückwärtsgang. Ich dachte mir, dass ihr den nun wirklich nicht braucht.

Liebe (Name der Braut), lieber (Name des Bräutigams), ich wünsche euch Glück und Freude auf eurem weiteren gemeinsamen Lebensweg. Auf dass ihr auf eurem Symbol-Tandem immer mit einer guten Prise Rückenwind unterwegs seid.

Hoch lebe das Brautpaar!

Rede einer Freundin der Braut

Liebe (Name der Braut), lieber (Name des Bräutigams),

als ihr euch vor fast genau zwei Jahren kennengelernt habt, war ich ein wenig eifersüchtig auf (Name des Bräutigams). Vielleicht kannst du das nachvollziehen: Bevor du mit ihm zusammenkamst, waren wir beide unzertrennlich, und plötzlich sollte ich dich mit jemand anderem teilen.

Das ging mir ganz schön gegen den Strich. Andererseits habe ich mich natürlich auch für dich gefreut, als ich sah, wie glücklich du auf einmal warst.

(Hier können Sie Ihre persönlichen Erlebnisse einfügen wie beispielsweise:)

Dennoch – zunächst zog ich mich ein wenig von dir zurück. Ich glaube, du hast das damals gar nicht so richtig gemerkt – so beschäftigt warst du mit deinen Gefühlen.

Nach kurzer Zeit jedoch fehlten mir die Gespräche mit dir. Du warst immer meine beste Freundin gewesen, mit der ich alles geteilt hatte – mit Ausnahme der Männer, versteht sich.

Also begann ich dich wieder häufiger anzurufen und wir trafen uns auch wieder öfter. Allerdings war nun (Name des Bräutigams) meistens dabei. Das passte mir zuerst gar nicht. Unsere Frauengespräche – so meinte ich – würden ihn schließlich nichts angehen. Du hast aber darauf bestanden, dass er mitkommen konnte, wenn er das wollte. Du meintest, er sei sehr verständnisvoll und absolut kein Macho.

Das wollte ich natürlich erst einmal nicht glauben. Ein Mann, der Frauenprobleme versteht, wo gibt es denn so was? Doch so erstaunlich es war – (Name des Bräutigams) war tatsächlich genauso einfühlsam, wie du gesagt hattest. Bald hatte ich gar nicht mehr den Eindruck – entschuldige, (Name des Bräutigams) –, dass da ein Mann mit uns am Tisch saß. Er wurde, wenn ich das so sagen darf, zu meiner zweitbesten Freundin nach dir.

Zuerst hatte ich ja noch befürchtet, dass ich mir wie das fünfte Rad am Wagen vorkommen könnte, wenn ich mit euch beiden zusammen etwas unternehmen würde, doch auch das bewahrheitete sich nicht. Ganz im Gegenteil! Ich fand es äußerst angenehm, mit euch beiden auszugehen – schließlich verstanden wir drei uns blendend.

Ihr habt mir auch nie das Gefühl gegeben, dass ich überflüssig sein könnte, wenn wir drei zusammen ausgegangen sind. Auch als ich meinen Freund kennenlernte, änderte sich an unserer Freundschaft nicht viel. Ihr habt (Name des Freundes) sofort in eure Freundschaft einbezogen und von nun an zogen wir sozusagen als vierblättriges Kleeblatt herum.

Umso schöner fand ich es, als ich merkte, dass es zwischen euch immer ernster wurde. Ich war mir sicher, dass es nicht mehr lange dauern würde, bis ihr endlich heiraten oder euch dafür entscheiden würdet, ein Kind zu bekommen.

Rede einer Freundin der Braut

Und ich hatte Recht – mit beidem, wie man sieht: Ihr hattet zwar schon geplant zu heiraten, als sich euer Nachwuchs ankündigte, doch ein wenig Zeit habt ihr bis zur Hochzeit noch verstreichen lassen.

Kein Wunder, ihr wolltet ja, dass all eure Freunde zu eurer Feier kommen. Aus diesem Grund konntet ihr nicht so überstürzt heiraten, sondern musstet schon ein wenig planen. Heute nun sind wir alle hier, um mit euch dieses wunderschöne Fest zu feiern.

Ich freue mich wirklich riesig, dass es mit euch beiden geklappt hat und noch immer so gut klappt. Natürlich wünsche ich mir, dass wir weiterhin so gut befreundet bleiben wie bisher, auch wenn euer Kind auf der Welt ist.

Ihr wisst, dass ihr mich gerne als Babysitter nehmen dürft, wenn ihr beiden einmal wieder in Ruhe etwas allein unternehmen wollt. Allerdings unter einer Bedingung: Ich würde gern die Patin eures Kindes werden.

Wir wünschen euch beiden oder besser euch Dreien von ganzem Herzen viel Glück.

Rede des Bräutigams oder der Braut I

Liebe Eltern, liebe Freunde,

es macht mich glücklich, dass ihr heute hier zusammengekommen seid, um gemeinsam mit (Name der Braut) und mir unsere Hochzeit zu feiern.

Ihr kennt ja das alte Sprichwort: „Geteilte Freude ist doppelte Freude." Und da wir unsere Freude heute mit so vielen – nämlich euch – teilen dürfen, ist sie verständlicherweise noch um vieles größer.

(Hier können persönliche Erlebnisse eingefügt werden wie zum Beispiel:)

Wahrscheinlich habt ihr schon lange darauf gewartet, dass (Name der Braut) und ich uns endlich das Jawort geben. Wir haben uns ja auch mächtig viel Zeit gelassen – zumindest haben sich unsere Eltern so ausgedrückt. Einige von euch haben sicherlich schon gar nicht mehr daran geglaubt, dass wir noch einmal heiraten würden.

Doch für uns stand diese Tatsache eigentlich immer fest. Nur über den Termin konnten wir uns nicht so schnell einigen. Wir wollten schließlich nichts überstürzen. Aber vor ein paar Monaten haben wir uns dann entschlossen, unsere „Probezeit" zu beenden.

Vier Jahre des Zusammenlebens haben uns nicht davon abgehalten, vor den Standesbeamten zu treten. Im Gegenteil – wir sind zuversichtlicher denn je, dass wir es noch viele Jahre miteinander aushalten werden.

Aber das ist ja auch kein Wunder. In dieser langen Zeit des gemeinsamen Lebens haben wir uns genau kennen gelernt. Jeder von uns kennt die Stärken und Schwächen des anderen, seine Vorzüge und seine Fehler, und hat gelernt mit ihnen zu leben oder besser: sie anzunehmen. Keiner von uns versucht, den anderen nach seinen Vorstellungen zu verändern, ihn in einen Rahmen zu pressen, in den er nicht passt.

Hinzukommt, dass wir nicht ständig überall im „Doppelpack" auftauchen müssen. Wir „kleben" nicht aneinander, sodass jeder auch einmal etwas allein unternimmt und der andere sich dem nicht entgegenstellt. Ich glaube sowieso, dass es meistens die Angst ist, den anderen Partner zu verlieren, die Paare dazu bringt, nur gemeinsam an Aktivitäten teilzunehmen. Dabei gibt jedoch jeder einen Teil seiner Individualität und seiner Eigenständigkeit auf, was auf Dauer nicht gut gehen kann.

Die Angst, den anderen zu verlieren, kennen (Name der Braut) und ich eigentlich nur aus den Anfangszeiten unserer Partnerschaft. Sehr schnell merkten wir jedoch, dass wir uns auf den anderen hundertprozentig verlassen können, sodass diese Angst immer mehr verloren ging. Außerdem stellten wir fest, dass zu viel Angst nur misstrauisch macht und in überzogener Eifersucht mündet.

Doch nun zurück zu unseren Beweggründen, warum wir gerade jetzt geheiratet haben: Laut Statistik trennen sich die meisten Paare nicht im verflixten siebten, sondern im vierten Jahr ihrer Beziehung.

Wie ihr wisst, sind auch wir nun vier Jahre zusammen. Mit unserer Heirat wollten wir diese Statistik ein wenig durcheinanderbringen. Nicht, dass uns je ein Meinungsforscher gefragt hätte, ob wir an einer Umfrage teilnehmen würden, die in eine solche Statistik eingeht, doch wer weiß? Vielleicht tauchen wir durch irgendeinen Zufall ja auch in einer Statistik auf, ohne dass wir es wissen.

Doch hauptsächlich haben wir geheiratet, weil wir jetzt nach außen hin zeigen wollen, dass wir ein Paar sind und zusammengehören.

Ich hoffe, dass diese Hochzeitsfeier zum großen Erfolg und zum unvergesslichen Ereignis für uns alle wird. Wie ich jetzt schon sehe, dürfte uns das keinerlei Schwierigkeiten bereiten. Ihr seid alle hervorragender Stimmung und scheint euch prächtig zu amüsieren.

Ich danke euch, dass ihr alle gekommen seid, um an unserem großen Tag teilzuhaben. Zum Wohl!

Rede des Bräutigams oder der Braut II

Liebe Eltern und Großeltern, liebe Freunde,

herzlichen Dank an euch alle, dass ihr gekommen seid, um diesen besonderen Tag gemeinsam mit (Name der Braut bzw. des Bräutigams) und mir zu feiern. Wir wissen, dass es für einige von euch nicht leicht war, sich die Zeit dafür freizunehmen, (*Cousine Sarah zum Beispiel schreibt übermorgen eine wichtige Klausur für ihren Magister iuris*). Andere hatten eine lange Reise vor sich (*wie Onkel Bertram, der extra aus Genf zu uns gekommen ist*). Deshalb nochmals ganz herzlichen Dank dafür, dass ihr uns an diesem Tage begleitet.

Tipp
Wenn Sie einzelne Gäste in Ihrer Rede erwähnen, sollten Sie sich dann leicht mit dem Oberkörper zu Ihnen hinwenden, damit die anderen Zuhörer wissen, wer gemeint ist. Der Gast darf sich auch kurz erheben.

Für uns war es sehr wichtig, dass ihr an unserer Hochzeit teilnehmt. Dieser Tag ist unwiederholbar und für uns beginnt heute ein neuer Lebensabschnitt. Das wollten wir nicht allein, sondern im Kreis unserer Eltern, Verwandten und Freunde feiern. Außerdem war es unsere Absicht, dass ihr euch alle untereinander einmal kennenlernt. Schließlich bringen wir zwei große Familien zusammen, und wir möchten, dass ihr euch gut miteinander versteht.

Danke auch für die vielen Glückwünsche und die schönen Geschenke, die ihr uns überbracht habt. (Name der Braut bzw. Name des Bräutigams) und ich sind überwältigt von euren Ideen, diesen Tag für uns unvergesslich zu gestalten. Mit einem Spalier vor der Kirche habt ihr uns die Besonderheit dieses Tages spüren lassen. Es war ein unglaublich ergreifendes Gefühl, durch die Reihe unserer Freunde und Verwandten hindurchzugehen. Bedeutet doch das Spalierstehen, dem Brautpaar Ehre zu erweisen und den Weg in die gemeinsame Zukunft zu bahnen. Die Spalierbildenden stehen dem Brautpaar hierbei symbolisch zur Seite. Ich sage euch: Mir kamen vor Ergriffenheit die Freudentränen. Der besonders liebevoll arrangierte Blumenschmuck vor der Haustür hat uns ebenfalls begeistert. Ihr alle zeigt uns damit, dass ihr unsere Entscheidung zu heiraten gutheißt und dass ihr uns als Paar annehmt. Wir freuen uns sehr darüber!

Wie ihr wisst, haben wir bewegte Jahre hinter uns und hoffen, jetzt in ruhigeres Fahrwasser zu gelangen. Unsere Hochzeit haben wir bewusst auf diesen Zeitpunkt gelegt, an dem sich alles so gut für die Zukunft fügt.

(Hier kann Persönliches eingefügt werden wie zum Beispiel:)

(Name der Braut) hat vor wenigen Monaten ihre Ausbildung erfolgreich beendet und die Zusage für ihre erste Arbeitsstelle erhalten. Bei mir stand ein Arbeitsplatzwechsel an, bei dem lange nicht entschieden war, an welchem Ort ich eingesetzt werde. Jetzt hat sich alles geklärt, unsere Arbeitsstellen liegen nicht weit voneinander entfernt und wir konnten erstmals eine gemeinsame Wohnung beziehen.

Wenn auch nur ein Teil aller guten Wünsche, die ihr uns heute überbracht habt, Wirklichkeit werden, haben wir wahrhaft rosige Zeiten vor uns.

Jetzt laden wir euch herzlich ein, mit uns ein paar weitere vergnügte Stunden zu verbringen. Wie ihr seht, haben sich die Köche des (Name des Restaurants) etwas ganz Besonderes einfallen lassen und wir hoffen, dass es euren Beifall findet. Mit dem chinesischen Sprichwort: „Das beste Tischgespräch ist das Schweigen schwelgender Gäste" eröffne ich hiermit das Büffet.

Noch einmal herzlichen Dank für euer Kommen! Auf euer Wohl!

Rede eines Freundes

Verehrte Gäste, liebe Freunde! Mein liebes Brautpaar!

Als Winston Churchill vor der wichtigsten Entscheidung seines Lebens stand und nicht so recht wusste, ob er nun tatsächlich „Ja" sagen sollte, löste er dieses Problem ganz rational:

Er nahm ein großes Stück Papier, zog in der Mitte eine senkrechte Linie und notierte links über der einen Spalte „Heiraten" und rechts über der anderen Spalte „Nicht heiraten".

Dann sammelte er unter dem Stichwort „Heiraten" alle Argumente, die dafür sprachen: „trautes Heim", „Reiz des weiblichen Plauderns", „gut versorgt sein".

Unter der zweiten Kolumne, „Nicht heiraten", schrieb er „Zeitverlust", „dauernd Störungen", „Zwang zum Geldverdienen". Darunter zog er nun eine Linie zum Addieren, überlegte eine Weile und schrieb: „Es gibt immer wieder gut funktionierende Koalitionen in der Politik." Churchill heiratete.

Zu einer solchen Koalition, einer Koalition der Liebe, haben sich auch unsere beiden Brautleute heute eingefunden. Nun ist es zwar zu spät, eine Entscheidung über „Ja" oder „Nein" zu fällen. Das haben die beiden doch tatsächlich schon ohne uns gemacht. Aber es ist niemals zu spät, Entscheidungen nachzuprüfen.

Darum lasst mich ein bisschen orakeln darüber, wie es um die heute geschlossene Koalition bestellt ist. Der deutsche Sprichwortschatz bietet uns da immer wieder erhellende Lebensweisheiten. „Gleich und Gleich gesellt sich gern" sagt er uns. Doch auf dem Fuße folgt die Opposition mit: „Gegensätze ziehen sich an!"

(Hier können Sie die Rede mit persönlichem Berufsbezug weiterführen wie zum Beispiel:)

In der Tat, wir haben es hier wirklich mit Ähnlichkeiten zu tun – Ähnlichkeiten jedoch, die noch genügend Unterschiede aufweisen, um sich gut zu ergänzen: ihre Ökonomie mit seinem kaufmännischen Geschick.

Andererseits lässt es sich natürlich auch nicht verschleiern: Hin und wieder kracht auch einmal Ähnliches aufeinander. Im Grunde genommen jedoch komplettieren sich beide ganz ideal.

Ihr gehört das Finanzmanagement. Das ist gut so, denn die Ehefrau als Verwalterin des Familienbudgets hat sich schon immer gut bewährt. Dafür ist seine Spezialität die Struktur, die Organisation, der große Zusammenhang. Das betraf bislang zwar nur die Geschäftsführung in einem großen Autohaus, doch diese Neigung lässt sich auch ausdehnen auf andere Gebiete.

Wie es nun in einer richtigen Koalition so ist, sind da natürlich auch einige Zwiste angelegt, vor allem dann, wenn das eine Ressort ins Ressort des anderen hineinfunkt. Die beiden wären aber eine schlechte Koalition, wenn sie nicht auf dem Verhandlungswege ihre Dynamik umleiten und den Rosenkrieg verhindern könnten.

Sie, als Meisterin des Vortrags, spezialisiert auf die schlechten Nachrichten, die im Konzern gut verkauft sein wollen, kann die Einigung schon einmal mit einem Kompromissvorschlag einleiten. Und er, gewandt und geübt im Erstellen von Werbemaßnahmen und Lockangeboten kann der Koalitionspartnerin schon mal das versüßen, was eigentlich ausgesprochen bitter schmeckt.

Sie, auch nicht faul, wird ihm in gewohntem Schliff die Neuigkeiten und Strategien ihrer Partei für die weitere Koalitionsarbeit bekannt geben. Er hält dann seinen Notfallplan für außergewöhnliche Zwischenfälle bereit, um ähnliche Zusammenstöße in der Koalition künftig schon vorher abzuwehren. Denn die Opposition schläft nicht, so wenig wie die Konkurrenz. Da müssen die Koalitionspartner schon auf der Hut sein.

Da wiederum ist sie die Spezialistin, wenn sie die Antennen ausfährt und atmosphärische Störungen früh erkennt. Da heißt es, die Beziehungen mit ihm gut zu pflegen, um die großen Ziele der Koalition möglichst ohne Reibereien zu erreichen.

Meine Prognose lautet nun: Wir haben eine stabile Koalition mit vielversprechender Zukunft vor uns.

So wünsche ich euch für die gemeinsame Zukunft alles Glück dieser Erde in gewohnter Dynamik und mit spritziger Energie, auf dass es niemals langweilig sei bei euch. Lasst uns anstoßen auf das glückliche Brautpaar!

Rede eines Freundes zur zweiten Eheschließung

Liebes frischgebackene Ehepaar, liebe Freunde,

ein bayrisches Sprichwort heißt: „Einmal nei'tappt g'langt", auf Hochdeutsch: Man muss nicht zweimal den gleichen Fehler machen – und so halten es viele, die geschieden sind. Verständlich. Auch ihr habt vielleicht gedacht, dass ihr bestimmt kein zweites Mal heiraten werdet.

Aber dann habt ihr euch kennengelernt und eure Meinung geändert – sonst wären wir heute nicht hier. Ich glaube, ich spreche hier für alle, dass ich von der Stärke eurer Liebe beeindruckt bin!

Auf jede Warnung habt ihr nur mit Schulterzucken reagiert. Und Recht habt ihr. Denn man kann auch umgekehrt argumentieren: Gerade weil ihr schon eine Ehe hinter euch habt, gerade weil ihr diesbezüglich eine Menge Erfahrungen gesammelt habt, könnt ihr es eigentlich nur besser machen als das erste Mal.

Lasst uns jetzt aber in die Zukunft blicken. Wenn man noch einmal heiratet, hat das viele Vorteile. Jeder von euch ist eine gereifte Persönlichkeit, jeder von euch weiß, dass er den anderen nicht mehr „umkrempeln" kann; man muss ihn einfach so akzeptieren, wie er ist.

Eure jeweiligen Kinder sind mehr oder weniger erwachsen; sie müssen nicht mehr „erzogen" werden. Ihr habt beide eine Position im Beruf, müsst also nicht mehr über eure Aus- und Fortbildung nachdenken. Jeden Pfennig umdrehen müsst ihr auch nicht mehr.

Kurz: Rosige Zeiten stehen euch bevor, in denen ihr – hoffentlich – viel Zeit füreinander habt! Und dazu wünschen wir euch alles Gute!

> **Der gelungene Start**
> Wenn Sie Ihre Rede halten möchten, erheben Sie sich von Ihrem Platz und warten Sie einen kurzen Moment, bis sich das Gemurmel der Gäste ein wenig gelegt hat. Vermeiden Sie es, an Ihr Glas zu klopfen. Die Gläser werden erst am Ende der Rede gehoben, wenn Sie die Glückwünsche aussprechen.

Begrüßung der Hochzeitsgäste

Liebe Gäste! Liebes Brautpaar!

Die Trauung ist erfolgt, die feierliche kirchliche Zeremonie vorüber. Da sich nun alle hier versammelt haben, möchte ich euch zunächst mit einem „Herzlich Willkommen" begrüßen. Wir wollen diesen Tag feiern, wie es sich für so ein wichtiges Ereignis auch gehört.

Bevor wir uns nun dem Hochzeitsmahl zuwenden, erlaubt mir, dass ich an diesem Freudentag ein paar Worte zur Einstimmung an euch richte. Dazu habe ich einige Verse des Dichters Novalis gefunden, die mir äußerst passend für diese Hochzeit erscheinen. Novalis schreibt:

„Was passt, das muss sich ründen,
Was sich versteht, sich finden,
Was gut ist, sich verbinden,
Was liebt, zusammen sein.
Was hindert, muss entweichen,
Was krumm ist, muss sich gleichen,
Was fern ist, sich erreichen,
Was keimt, das muss gedeihn."

Liebe (Name der Braut), lieber (Name des Bräutigams), „Was passt, das muss sich ründen", also rund werden, heißt es im Gedicht. Anders ausgedrückt kann man dazu auch sagen: Die beiden müssen sich zusammenraufen, die Ecken und Kanten etwas glätten, um es ein ganzes Leben lang miteinander auszuhalten. Doch wenn etwas passt, wenn zwei Menschen wirklich zusammenpassen, dann wird es sich auch ründen und fügen.

Und wenn es sich fügt, dann gilt auch, was die nächste Zeile sagt: „Was sich versteht, das wird sich finden." Den Beweis dafür haben wir heute gesehen: Ihr versteht euch und habt euch auch gefunden.

Die dritte Zeile ergänzt: „Was gut ist, muss sich verbinden." Und richtig: Dass ihr gute Menschen seid, wird niemand bestreiten.

Ganz besonders aber gilt der Satz für euch, der in der vierten Zeile des Gedichts steht: „Was liebt, dass muss zusammen sein."

Dazu brauche ich nichts mehr zu sagen und kann gleich zur nächsten Zeile übergehen: „Was hindert, muss entweichen." Steine werden sicherlich immer wieder einmal im Weg liegen, den ihr beschreitet. Doch gemeinsam könnt ihr sie wegstoßen.

„Was krumm ist, muss sich gleichen." Ein gutes Motto für die Zukunft. In der ersten Zeit eurer jungen Ehe werdet ihr euch an den anderen angleichen müssen. Jeder sollte dem Partner ein wenig entgegenkommen, um die Partnerschaft zu festigen und zu stärken.

„Was fern ist, muss sich erreichen", heißt es weiter. Die Brücke zum anderen muss erhalten und gepflegt werden. Von Anfang an werdet ihr – wie ich euch kenne – versuchen, Trennendes zu überbrücken, sodass wir nun zur Schlusszeile des Gedichts kommen können:

„Was keimt, das muss gedeihn." Den Keim für eine prächtige Zukunft habt ihr heute gesetzt und diesen Auftakt wollen wir nun gemeinsam mit euch feiern.

Lasst uns darum anstoßen auf das Brautpaar und auf diese Feier, auf dass sie gut gelinge.

Ein Hoch auf das Brautpaar!

Dankesrede des Brautpaares

Liebe Eltern, liebe Verwandte und Freunde!

Zunächst einmal sagen wir „danke", dass ihr alle gekommen seid, um an unserer Hochzeit teilzunehmen. Wir haben uns gewünscht, dass es ein großes und schönes Fest wird, und haben uns auf jeden Einzelnen von euch gefreut.

Einen ganz besonderen Dank sagen wir unseren Eltern, die uns sehr bei der Vorbereitung dieses Festes geholfen haben und die uns auch finanziell bei der Ausrichtung der Feier unterstützt haben.

Auch dem Herrn Pfarrer gilt unser Dank – ohne ihn wäre dieses Fest schließlich so nicht möglich gewesen. Wir beide kennen Herr Pastor (Name des Geistlichen) schon lange, und es war unser gemeinsamer Wunsch, von ihm getraut zu werden.

Es ist schon merkwürdig, aber erst bei der eigenen Hochzeit erfährt man, wer alles – auch im Hintergrund – zum Gelin-

Dankesrede des Brautpaares

gen einer solchen Feier beiträgt. Als Unverheirateten war es uns vorher überhaupt nicht klar gewesen, dass außer uns selbst eventuell auch noch jemand anderes ein Wörtchen bei der Hochzeit mitzureden hätte oder zumindest sein Scherflein zum Gelingen beiträgt.

Was täten wir beispielsweise ohne unsere Eltern, unsere Freundinnen und Freunde? Die einen haben uns bei der Kleidung beraten, die anderen Restaurant-Tipps gegeben. (Name eines Freundes) kannte einen Juwelier mit wunderschönem Schmuck und (Name einer Freundin) hat die Blumendekoration übernommen.

Und was täten wir ohne den Koch, den Kellner und ohne die Kapelle? All das ist uns erst nach und nach klar geworden. Deshalb sagen wir an dieser Stelle noch einmal ganz ausdrücklich „danke" allen an diesem Fest Beteiligten!

Wie ihr euch sicher denken könnt, ist für uns beide dieses Fest ein wichtiges Ereignis. Wir wollten einfach nicht mehr länger warten, etwa nach dem Motto: „Darum prüfe, wer sich ewig bindet". Auch wenn manchem von euch eine einjährige „Prüfungszeit" als vielleicht etwas zu kurz erscheint, für uns war sie gerade richtig und wir hätten sogar noch früher geheiratet, wenn die damit verbundenen Formalitäten nicht so viel Zeit beansprucht hätten.

Damit komme ich dann auch zu der intern kursierenden Frage des heutigen Tages: „Musstet ihr heiraten?" Hier die Antwort: „Ja, wir mussten!" Und zwar mussten wir es ganz einfach und ganz romantisch aus einem einzigen Grund: aus Liebe. Das aus England kommende geflügelte Wort „Yes, I'm married, but I'm not pregnant – ja, ich bin verheiratet, aber ich bin nicht schwanger" gilt also auch und ganz besonders für uns.

Wir freuen uns sehr auf unser neues gemeinsames Leben als Ehepaar. Und dass es nach diesem wunderbaren Anfang auch gut und glücklich weitergeht, darauf möchten wir mit euch anstoßen.

Nochmals danke für euer Kommen – und jetzt lasst uns feiern!

Trinkspruch auf das Brautpaar

Ihr seid nun eins, ihr beide,
und wir sind mit euch eins.
Trinkt auf der Freude Dauer
ein Glas des guten Weins:

Und bleibt zu allen Zeiten
einander zugekehrt,
durch Streit und Zwietracht werde
nie euer Bund gestört.

Johann Wolfgang von Goethe

Toast auf das Brautpaar I

Nehmt hin mit Weinen oder Lachen,
was euch das Schicksal gönnt –
kein König kann euch glücklich machen,
wenn ihr es selbst nicht könnt.

Friedrich von Bodenstedt

Toast auf das Brautpaar II

Hochzeitswunsch
Seid glücklich hier und dort; seid selig denn gepreist,
Ihr, die man heute Braut und Bräutigam euch heißt!
Seid morgen Mann und Frau, seid Eltern übers Jahr;
So habt ihr denn erlangt, was zu erlangen war.

Friedrich von Logau

Hochzeitsgedicht

Das ist die rechte Ehe …
Das ist die rechte Ehe,
wo Zweie sich geeint,
durch alles Glück und Wehe
zu pilgern treu vereint.
Der eine Stab des andern,
und liebe Last zugleich,
gemeinsam Rast und Wandern,
und Ziel das Himmelreich.

Emanuel Geibel

Glückwunschgedicht zur Hochzeit

O glücklich
O glücklich, wer ein Herz gefunden,
das nur Liebe denkt und sinnt,
und mit der Liebe treu verbunden
sein schönstes Leben erst beginnt!
Wo liebend sich zwei Herzen einen,
nur eins zu sein in Freud und Leid,
da muss des Himmels Sonne scheinen
und heiter lächeln jede Zeit.

Hoffmann von Fallersleben

Reden zu Hochzeitstagen

Papierne Hochzeit (1 Jahr)

Rede eines Freundes

Liebe (Name der Ehefrau),
lieber (Name des Ehemannes)!
Verehrte Gäste!

Ihr beide, liebe (Name der Ehefrau) und lieber (Name des Ehemannes), habt euch vor genau einem Jahr das Jawort gegeben. Zwölf Monate lang halten in der Regel die meisten Ehen, auch wenn selbst das nach den neuesten Scheidungszahlen nicht mehr so ganz gesichert zu sein scheint. Eure Ehe jedoch wirkt stabil und haltbar – und das nicht nur für weitere zwölf Monate.

Ihr habt vor einem Jahr die Ringe getauscht und seid damit gleichzeitig in den Ring zum gemeinsamen Lebenskampf gestiegen. Im Gegensatz zu einem Boxring kämpft ihr seitdem dort nicht gegeneinander, sondern miteinander. Denn ihr wollt euer Leben gemeinsam führen und dabei möglichst auch zu zweit gewinnen. Wie es aussieht, habt ihr unablässig nur Siege zu verzeichnen.

Dieser einjährige Hochzeitstag wird „papierne Hochzeit" genannt. „Wieso papiern?" habe ich mich gefragt. Diese Wortwahl hat mich im ersten Augenblick etwas verwundert.

Ich denke, mit dieser Bezeichnung will man euch an den Tag der Eheschließung erinnern, als ihr die Ehe mit Brief und Siegel und mit eurer Unterschrift auf Papier bestätigt habt. Und auf diesem Papier der Heiratsurkunde ist die Tinte nach nur einem kurzen Jahr noch nicht ganz trocken.

Sicherlich aber deutet das Papierne an diesem Hochzeitsjubiläum auch darauf hin, dass das Bündnis noch recht zerbrechlich ist und leicht zerknittert werden könnte. Ob man nun etwas Zerknittertes immer wieder ausbügeln kann, hängt letztlich von der Qualität des Papiers ab und auch davon, wie oft das Papier zerknittert wurde.

Mit Papier verbindet sich auch die Vorstellung, dass es von einem stürmischen Windstoß hinweggefegt werden könnte. Wenn man also von einer papiernen Hochzeit spricht, so soll euch das wohl davor warnen, euch zu sicher zu fühlen, und euch darauf hinweisen, dass ihr euch auch nach einem Jahr noch ganz am Anfang eures Zusammenlebens befindet.

Die nächsten Jubiläen eurer Ehe werden dann schon dem Namen nach etwas stabiler sein. So werden wir am fünften Jahrestag eine „hölzerne Hochzeit" feiern können. Aus Holz wird zwar auch Papier gemacht, doch ist Holz weitaus stabiler und außerdem ist es lebendig. Da hat sich die Ehe dann schon ein paar Jahre bewährt. Ein kleiner Sturm kann ihr gar nichts mehr anhaben. Und Knitterfalten gibt es dann auch keine mehr.

Das angeblich verflixte siebte Jahr wird die kupferne Hochzeit genannt, in manchen Gegenden allerdings auch schon das fünfte. Das ist dann schon ein recht widerstandsfähiges Metall, ein Erz, das einerseits als weich gilt, gleichzeitig aber auch als besonders stabil. Für das verflixte siebte Ehejahr ist es gerade recht.

Nach zehn Jahren könnt ihr eine Rosenhochzeit feiern. Rote Rosen sind ein Zeichen tiefer Liebe, und diese Liebe soll sich auch in dem Namen Rosenhochzeit zeigen. Schon der römische Dichter Vergil sagte: „Die Liebe besiegt alles." Nach zehn Jahren Ehe sollten dann auch die größten Unstimmigkeiten ausgeräumt sein.

Manche feiern dann als nächsten Jahrestag eine „Nickelhochzeit". Sie markiert den Tag nach zwölf und einem halben Jahr seit der Eheschließung. An diesem Datum habt ihr dann die Hälfte der Zeit bis zur Silberhochzeit geschafft. Man spricht übrigens deshalb von Nickelhochzeit, weil

Nickel das Metall ist, welches besonders ausgeprägt „strahlt", wenn ein Sonnenschein darauf fällt.

Was nun folgt, sind die großen Hochzeitsjubiläen: Die silberne Hochzeit nach 25 Ehejahren, die Rubinhochzeit nach 40 Ehejahren und dann kommt nach 50 Ehejahren eine erste Krönung: die goldene Hochzeit.

Auch wenn heute das alles für uns noch in weiter Ferne zu liegen scheint, freue ich mich schon jetzt darauf, mit euch diese Feste feiern zu können.

Doch bevor es soweit ist, möchte ich euch nun an diesem ersten Hochzeitstag alles Gute für eure junge Ehe wünschen.

Lasst uns nun anstoßen auf diesen besonderen Tag!

Frei sprechen oder Ablesen?
Keine Frage: Wenn es Ihnen leicht fällt, Texte auswendig zu lernen, sollten Sie auf jeden Fall Ihre Rede frei vortragen. Viele Redner fühlen sich jedoch sicherer, wenn sie ihre Rede vom Blatt ablesen. Versuchen Sie in diesem Fall, sich ab und zu vom Manuskript zu lösen und den Blickkontakt mit den Zuhörern zu suchen. Das gibt Ihnen die Rückmeldung, wie Ihre Rede aufgenommen wird, und den Zuhörern das Gefühl, persönlich angesprochen zu werden.

Kupferne Hochzeit (7 Jahre)

Rede des Ehemannes

Verehrte Gäste! Liebe Freunde!

Wir feiern heute unsere kupferne Hochzeit und freuen uns sehr, dass ihr unserer Einladung, diesen Tag mit uns zu feiern, gefolgt seid. Wenn dies auch kein „rundes" Jubiläum ist, so gilt die kupferne Hochzeit doch als etwas ganz Besonderes, denn es geht hier um das als „verflixt" bezeichnete siebte Ehejahr.

Genau dazu möchte ich ein paar Worte zu sagen: Wir haben ja nun schon vor sieben Jahren das Wichtigste über die Ehe erfahren, über die guten und die schlechten Tage, die einem da bevorstehen. Damals, bei der Hochzeit, haben wir alle Warnungen in Sachen „Joch der Ehe" in den Wind geschlagen.

Und was soll ich nun heute, am siebten Jahrestag sagen? Wir haben Recht behalten. Denn welcher unglückliche Ehemann, welche unglückliche Ehefrau, würde schon ausgerechnet das siebte Ehejahr feiern, wenn diese Warnungen nicht völlig haltlos gewesen wären? Die Zeit entscheidet über das „Richtig" oder „Falsch". Und unsere gemeinsame

Zeit hat uns die damalige Entscheidung zum Zusammenziehen und zur Ehe als die richtige Wahl bestätigt.

Von guten und von schlechten Tagen haben wir damals gehört. Ganz zu schweigen von den normalen Tagen, den Alltagen. Dort entflammen sich immer die größten Zwiste, habe ich mir sagen lassen. Und zwar an so verfänglichen Fragen wie: Wer bringt den Mülleimer hinaus und wer räumt den Frühstückstisch ab? Wer läuft mit verschmutzten Straßenschuhen über den Teppich und wer holt die Morgenzeitung herein? Und schließlich: Wer drückt immer wieder die Zahnpasta an der falschen Stelle heraus? Solche Kleinigkeiten sollen schon die schlimmsten Streitereien in einer Ehe verursacht haben.

Warum eigentlich und wie kann man dies vermeiden? Die Antwort ist verblüffend einfach, aber sie funktioniert: Man muss sich eben selber ein bisschen zurücknehmen und nicht immer nur auf den anderen Partner zeigen. Zum Beispiel, indem man selbst den Mülleimer kurzerhand und ohne Diskussion hinausschafft. Und wenn mal Schmutzspuren auf dem Teppich zurückgeblieben sind, so ist das doch auch kein weltbewegendes Drama. Der Teppich ist nämlich bei Weitem nicht so wichtig wie das Glück einer harmonischen Ehe.

Am einfachsten lässt sich ja noch das klassische Problem mit der Zahnpastatube lösen: Zwei Tuben unterschiedlicher Marken für zwei Leute, und keiner kommt dem anderen ins Gehege.

Wir beide hatten bisher kein verflixtes Jahr – weder im dritten noch im fünften noch im siebten Jahr. Ich denke, wir haben uns bemüht, unsere Energie nicht an solche Kleinigkeiten zu verschwenden. Sie sind es nämlich genau genommen gar nicht wert, dass man sich damit abgibt. Viel wichtiger ist es doch, sich immer wieder die Liebe zur Partnerin bewusst zu machen, sich immer wieder auch ihrer Liebe zu versichern. Schließlich genügt es, sich vorzustellen, was solche kleinen Zwistigkeiten zerstören können.

Ich glaube sowieso, wenn sich die Ehepartner schon mit solch kleinkarierten Streitereien abgeben, stimmt irgendetwas zwischen ihnen überhaupt nicht mehr. Solche Zwistigkeiten sind wohl eher ein Alarmsignal, denn da steckt dann vermutlich ein richtiges Problem dahinter, das nur noch nicht entdeckt wurde.

Nun wünsche ich uns beiden für diesen Hochzeitstag zum verflixten siebten Jahr, dass wir beide auch in den folgenden Ehejahren noch fähig sind, die Unterscheidung zwischen wichtigen und unwichtigen Punkten zu treffen. Und ich hoffe darauf, dass wir unwichtige Kleinigkeiten auch künftig richtig einschätzen können.

Dies wünsche ich mir deshalb so sehr, weil ich nicht bei diesen einstelligen Ehejubiläen bleiben möchte. Wir möchten miteinander alt werden, das heißt, silberne, goldene und vielleicht noch weitere Jubiläen feiern. Dies ist mein größter Wunsch und – wie ich weiß –, auch der meiner Frau.

Stoßt mit uns darauf an, auf dass sich unser Wunsch erfülle!

Silberne Hochzeit (25 Jahre)

Rede der Tochter oder des Sohnes

Liebe Mama, lieber Papa,

vor 25 Jahren, als ihr geheiratet habt, war ich zwar noch nicht auf der Welt, aber unterwegs war ich damals schon. Wie ihr mir erzählt habt, war ich auch der Grund, dass ihr geheiratet habt. Der Ehe ohne Trauschein folgte nun die Ehe mit Trauschein.

25 Jahre sind eine lange Zeit, vor allem für jemanden wie mich, die noch keine 25 Jahre alt ist. Ihr lebt also bereits länger zusammen, als ich lebe und als (Namen der Geschwister) leben. Das ist ein komisches Gefühl!

Wir wuchsen in einer Atmosphäre des Vertrauens, der Geborgenheit und der Zuneigung auf, wofür wir euch heute noch dankbar sind. Ihr habt uns stets das Gefühl vermittelt, dass ihr für uns da seid, was immer auch passieren mag und was immer wir angestellt haben. Gleichzeitig habt ihr uns aber auch frühzeitig unsere eigenen Wege gehen lassen, sodass wir uns zu eigenständigen, selbstbewussten Persönlichkeiten entwickeln konnten.

Wahrscheinlich fiel es euch auch deshalb leichter, uns loszulassen, weil ihr immer noch einander hattet. Vielleicht waren wir als Kinder deshalb auch manchmal ein wenig eifersüchtig; zumindest kann ich das von mir berichten.

Als ich aber etwas älter und verständiger wurde, merkte ich, wie positiv sich eure Liebe zueinander auf uns auswirkte. Wir mussten nie wirklich Angst haben, dass ihr euch trennen würdet, ganz im Gegensatz zu einigen Eltern unserer Freunde. Wir mussten auch nie Angst davor haben, dass Unstimmigkeiten zwischen euch eskalieren könnten. Ihr habt euch zwar manchmal gestritten, doch nach kurzer Zeit habt ihr euch dann auch wieder vertragen. Ihr könnt euch gar nicht vorstellen, wie beruhigend das alles für uns war.

25 Jahre sind eine lange Zeit, auch wenn ihr meint, dass sie wie im Flug vergangen ist.

Hier können Sie persönliche Erlebnisse in die Rede einflechten wie zum Beispiel:)

Was ist in dieser Zeit nicht alles passiert – außer natürlich der Tatsache, dass wir geboren wurden? Der CD-Player wurde in diesen 25 Jahren modern und zog auch bei uns ein. Besonders für dich, Papa, als alter Musikfan, was das eine tolle Errungenschaft.

Und du, Mama, warst ganz begeistert, als die ersten Mountainbikes auf den Markt kamen, und musstest gleich eins haben. Wir Kinder waren sehr zufrieden, als endlich eine Geschirrspülmaschine angeschafft wurde.

Bei aller Begeisterung für den technischen Fortschritt: Einem Computer standet ihr dagegen anfangs ziemlich skeptisch gegenüber. „So ein Ding kommt uns nicht ins Haus", habt ihr gesagt, „wir kriegen die Kinder sonst nicht mehr vom Monitor weg." Wer sich schließlich durchgesetzt hat, ist bekannt. Viereckige Augen haben wir trotzdem nicht bekommen. Und wer drängte nach einem Internet-Anschluss? Niemand anders als du, liebe Mama!

Natürlich herrschte in den letzten 25 Jahren nicht immer Jubel, Trubel, Heiterkeit – auch mit uns Kindern hattet ihr es nicht immer leicht. Dass wir trotzdem „etwas geworden" sind, haben wir zum großen Teil euch zu verdanken. Denn so, wie ihr die Konflikte unter euch in den Griff bekommen konntet, habt ihr sie auch mit uns gelöst.

Liebe Eltern, ich muss schon sagen, ich bewundere die Art eures Zusammenlebens sehr. Ihr seid (Name des Ehemanns) und mir ein großes Vorbild. Immer, wenn wir nahe daran sind, uns zu streiten, überlegen wir, wie wohl ihr den Konflikt lösen würdet. Das hat schon sehr oft dazu beigetragen, einen Zwist er gar nicht entstehen zu lassen.

Ich wünsche mir und uns allen, dass ihr auch die nächsten 25 Jahre in so großer Harmonie und Eintracht zusammen verbringt wie das letzte Vierteljahrhundert.

Lasst uns nun alle auf euch anstoßen, und dass ihr so bleibt, wie ihr seid! Prosit!

Rede eines Freundes

Liebe (Name der Ehefrau), lieber (Name des Ehemannes),

die österreichische Schriftstellerin Marie von Ebner-Eschenbach schrieb einmal: „Soweit die Erde Himmel sein kann, so weit ist sie es in einer glücklichen Ehe." Ich habe den Eindruck, dass dieses Zitat auf euch vollkommen zutrifft, denn auch nach 25 Jahren scheint ihr immer noch im siebten Himmel zu schweben. Ich wünsche euch, dass das auch in den folgenden 25 Jahren so bleibt!

Vielleicht würdet ihr jetzt einwenden – wenn ich euch zu Wort kommen ließe –, dass auch bei euch nicht immer alles Silber ist, was glänzt. Das kann ich natürlich nicht beurteilen, denn ich bin nur ein Beobachter von außen und bekomme nur die Dinge mit, die auch nach außen dringen. Aber ich kenne euch beide nun seit mehr als 25 Jahren und ich glaube, einer von euch hätte sich mir schon anvertraut, wenn es mit eurer Ehe nicht zum Besten stünde. Schließlich habt ihr häufig auch kleinere Unstimmigkeiten mit mir besprochen. Für das Vertrauen, das ihr mir in all den Jahren entgegengebracht habt, möchte ich euch an dieser Stelle herzlich danken.

Doch eigentlich wollte ich aus dieser kleinen Ansprache keine Dankesrede machen, sondern in Erinnerung rufen,

Silberne Hochzeit (25 Jahre) | 111

wie ihr euch vor 25 Jahren kennengelernt habt. Daran denke ich nämlich immer noch gern zurück, habe ich doch meinen Teil dazu beigetragen, dass ihr zueinandergefunden habt. Für alle, die die Geschichte noch nicht kennen, erzähle ich sie noch mal:

(Hieran anschließend können Sie ein persönliches Erlebnis schildern wie zum Beispiel:)

Ich erinnere mich noch genau: Ich war der Ansicht, dass (Name des Ehemannes) – heute wie damals mein bester Freund – endlich eine Frau brauchte. Schließlich hatten alle gemeinsamen Bekannten, mich eingeschlossen, eine Freundin – nur (Name des Ehemannes) nicht. Deshalb tat er uns allen ein wenig Leid.

Ich fragte also meine jüngere Schwester, ob sie nicht vielleicht ein Mädchen kennen würde, mit dem (Name des Ehemannes) einmal ausgehen könnte. Natürlich dürften beide nicht merken, dass wir diese Begegnung arrangierten. Meine Schwester überlegte eine Weile, dann kam sie auf (Name der Ehefrau), Angestellte in dem Unternehmen, in dem sie arbeitete.

Meine Schwester und ich dachten also intensiv darüber nach, wie wir es anstellen sollten, dass (Name des Ehemannes) und (Name der Ehefrau) sich kennenlernten. Uns fiel nichts anderes ein, als ein kleines Fest zu veranstalten und sowohl (Name des Ehemannes) als auch (Name der Ehefrau) einzuladen. Das war zwar etwas aufwendiger, als wir geplant hatten, doch was tut man nicht alles für einen guten Freund?

Einen Tag, bevor die Party stattfinden sollte, ging es (Name des Ehemannes) jedoch plötzlich nicht so gut. Er meinte damals zu mir, dass er wohl nicht kommen könne, denn er hätte das Gefühl, dass eine Erkältung im Anmarsch wäre. Das durfte doch nicht sein! Schließlich hatten meine Schwester und ich dieses Fest extra für (Name des Ehemannes) organisiert, wovon er natürlich nichts wusste. Ich musste unbedingt irgendetwas unternehmen, damit unser schöner Plan nicht ins Wasser fiel.

Also ging ich in die Apotheke und holte verschiedene Medikamente, um sie (Name des Ehemannes) zu verabreichen. Ich zwang ihn geradezu dazu, sich mit einer Wärmflasche ins Bett zu legen, einen Schal um den Hals und ein Fieberthermometer im Mund. Außerdem flößte ich ihm gewiss einige Liter Tee ein. Und tatsächlich, das „Wunder" geschah: (Name des Ehemannes) ging es am darauf folgenden Tag schon viel besser und er beschloss, zu der Feier zu kommen, zumal ich ihn ja so gut gepflegt hatte.

Mir fiel ein Stein vom Herzen! Jetzt mussten wir (Name des Ehemannes) und (Name der Ehefrau) auf der Party nur noch miteinander bekannt machen.

Silberne Hochzeit (25 Jahre)

Meine Schwester und ich warteten also gespannt auf den Abend. Ab acht Uhr trudelten dann die ersten Gäste ein, unter ihnen (Name der Ehefrau) und (Name des Ehemannes). Und was dann kam, war beinahe wie Magie – schöner, als meine Schwester und ich es uns je erträumt hatten: (Name der Ehefrau) und (Name des Ehemannes) hatten sich kaum angesehen, da waren sie auch schon in ein intensives Gespräch miteinander vertieft. Den ganzen Abend waren sie unzertrennlich. Sie verließen die Party sogar gemeinsam.

Meine Schwester und ich hatten geschafft, was wir uns vorgenommen hatten – allerdings ganz ohne etwas dafür tun zu müssen. Anscheinend hatten wir die richtige Auswahl sowohl für (Name der Ehefrau) als auch für (Name des Ehemannes) getroffen. Im Grunde sind wir also echte Kuppler!

Darauf bin ich übrigens heute noch ein bisschen stolz – schließlich hat eure Ehe mittlerweile 25 Jahre überdauert, und das ist mehr, als man von den meisten Ehen sagen kann.

Ich wünsche euch weiterhin alles Glück dieser Welt und hoffe, euch auch weiterhin begleiten zu dürfen.

Auf euch!

Rede des Silberbräutigams

Liebe (Name der Ehefrau),

eigentlich gehört es sich ja, dass der Silberbräutigam zur Feier seines 25. Ehejubiläums in erster Linie den Gästen für ihr zahlreiches Erscheinen, die lieben Glückwünsche und die schönen Geschenke dankt – was ich hiermit natürlich auch tun möchte –, doch vor allem möchte ich dir, liebe (Name der Ehefrau), dafür danken, dass du es nun schon mehr als 25 Jahre mit mir ausgehalten hast. Ich denke, all unsere Freunde hier werden es verstehen, wenn ich diese kleine Ansprache deshalb dir widme.

(Hieran anschließend können Sie ein persönliches Erlebnis schildern wie zum Beispiel:)

Als wir uns vor gut 26 Jahren kennen gelernt haben, habe ich nicht damit gerechnet, dass wir einmal unsere silberne Hochzeit feiern würden. Eigentlich habe ich, um ehrlich zu sein, damals überhaupt nicht ans Heiraten gedacht. Schließlich war ich noch recht jung und wollte noch so einiges erleben, bevor ich mich fest binde.

Ich weiß nicht, wie du es gemacht hast, aber irgendwie hast du damals all meine schönen Pläne durchkreuzt. Nicht, dass ich darüber unglücklich gewesen wäre – ich war es ja, der dir nach einem halben Jahr bereits einen Heiratsantrag gemacht hat.

Daran erinnere ich mich allerdings nur zu genau: Ich war völlig aufgeregt, weil ich mir nicht hundertprozentig sicher war, was du mir antworten würdest. Um einen feierlichen Rahmen zu schaffen, habe ich dich zum Essen ausgeführt. Vor Aufregung bekam ich allerdings kaum einen Bissen hinunter. Du hast meine Nervosität gespürt und mich gefragt, was denn los sei. Da habe ich dich mit zittriger Stimme gefragt, ob du meine Frau werden willst. Als du daraufhin Ja sagtest, war ich – glaube ich – der glücklichste Mensch auf der ganzen Welt.

Ein paar Monate haben wir mit der Hochzeit jedoch noch gewartet, denn wir beide wollten, dass unser Hochzeitstag zu einem ganz besonderen Tag wird, und das erforderte natürlich eine genaue Planung und eine gewissenhafte Vorbereitung.

Gelohnt hat es sich, denn wie erhofft, wurde unsere Heirat zu einem unvergesslichen Erlebnis. Dann gingen die Jahre ins Land.

Nach zwei Jahren Ehe kam (Name des ersten Kindes), zur Welt. Darauf folgten in jeweils zweijährigem Abstand (Name des zweiten Kindes) und (Name des dritten Kindes). Kein Wunder, dass wir in den nächsten Jahren kaum zur Ruhe kamen und auch weniger Zeit füreinander fanden. Mit drei Kindern im Haus ist man schließlich dauernd beschäftigt.

Bewundert habe ich dabei immer deine Ruhe und Gelassenheit, liebe (Name der Ehefrau). Nach jedem Streit zwischen den Kindern hast du die Wogen wieder geglättet. Wenn ich einmal hochgegangen bin, hast du mich wieder auf den Boden der Tatsachen gebracht. Du warst und bist der ruhende Pol in unserer Familie.

Als ich mir Gedanken über diese kleine Ansprache gemacht habe, fielen mir noch zahlreiche weitere positive Eigenschaften ein. Wenn ich die jedoch heute alle aufzählen wollte, käme ich – glaube ich – kaum zu einem Ende. Das wäre nun nicht im Sinne unserer Gäste, die sich weiter amüsieren wollen.

Deshalb, liebe (Name der Ehefrau), hab noch einmal vielen Dank, dass du die letzten 25 Jahre mit mir verbracht hast. Wenn es nach mir geht, werden wir sicherlich auch die nächsten 25 Jahre miteinander verbringen.

Erhebt deshalb mit mir das Glas und lasst uns gemeinsam auf das Wohl meiner lieben Frau anstoßen!

> **Wiederholungen erwünscht**
> Was als schlechter Schreibstil gelten würde, ist bei Reden durchaus erwünscht: Wiederholungen. Gezielt eingesetzt, dient dieser rhetorische Kunstgriff dazu, Gedanken besonders hervorzuheben. Neben der einprägsamsten Variante, der wortwörtlichen Wiederholung des Gesagten, gibt es noch die Möglichkeit, bei der Wiederaufnahme sinnverwandte Wörter, also Synonyme, zu wählen.

Rede der Silberbraut

Liebe Freunde,

ist es wirklich schon 25 Jahre her, dass (Name des Ehemannes) und ich geheiratet haben? Es kommt mir eigentlich noch gar nicht so lange vor! Ich sehe (Name des Ehemannes) und mich noch vor dem Traualtar stehen, als sei es gestern gewesen.

In den vergangenen Tagen und natürlich vor allem heute, am Tag unserer Silberhochzeit, wurden (Name des Ehemannes) und ich von vielen von euch nach unserem Geheimrezept für ein glückliches Zusammenleben gefragt. Zahlreiche Ehen gehen ja bereits nach kürzester Zeit wieder in die Brüche – da sind 25 miteinander verbrachte Ehejahre schon viel.

Natürlich habe ich mir daraufhin Gedanken darüber gemacht, warum gerade wir verheiratet geblieben sind. Ich will einmal sehen, ob ich euch die Gründe dafür kurz und knapp darlegen kann.

Der wichtigste Grund, warum unsere Ehe Bestand hat, ist – so glaube ich – darin zu suchen, dass ich (Name des Ehemannes) abends immer seine Pantoffeln und sein Bier vor den Fernseher stelle. So kann er es sich nach der Arbeit gleich gemütlich machen und es gibt keinen Anlass für Meckereien. Zu Hause soll er sich schließlich wohlfühlen.

Der zweite Grund liegt darin, dass ich die Finanzen verwalte. So ist (Name des Ehemannes), auch wenn er mehr Geld verdient als ich, immer ein wenig abhängig von mir. Er weiß, dass er sich ruhig verhalten muss, denn sonst fallen die ganzen kleinen Annehmlichkeiten weg, die ich ihm gönne, zum Beispiel sein abendliches Bier. Streitigkeiten werden so nahezu im Keim erstickt.

Dafür hat (Name des Ehemannes) die Gewalt über unsere Autoschlüssel – er darf mich überall dorthin fahren, wohin ich möchte. Er darf das Auto waschen, pflegen und reparieren. Hin und wieder darf er für seine Mühen dann auf die Autobahn und den Wagen einmal so richtig ausfahren. Ich rede ihm da in nichts drein.

Auf die Kinder muss ja glücklicherweise keiner von uns mehr aufpassen – sie gehen mittlerweile ihre eigenen Wege. Als sie jedoch klein waren, haben (Name des Ehemannes) und ich uns die Kindererziehung gerecht geteilt: Er durfte die Kleinen füttern, wickeln, anziehen, baden und mit ihnen zum Arzt gehen, während ich mit ihnen einkaufen gegangen bin und Freunde besucht habe. Kein Wunder, dass es uns beiden so gut gefiel, Kinder in die Welt zu setzen.

Entschuldigt, ich weiß auch nicht, warum meine Augen dauernd zwinkern müssen. Es gibt noch einige weitere Gründe, warum es mit unserer Ehe so gut geklappt hat – doch zu sehr aus dem Nähkästchen möchte ich hier natürlich auch nicht plaudern.

Jedenfalls haben wir gute, schöne Jahre miteinander verbracht, die auch sehr abwechslungsreich waren. Denn manchmal, ich gestehe es, hab auch ich mir den Autoschlüssel genommen, hab die Kinder gefüttert und bin mit ihnen zum Arzt gegangen. Ja, es waren schöne und spannende 25 Jahre. Denn wie sagte die österreichische Schriftstellerin Marie von Ebner-Eschenbach? „Soweit die Erde Himmel sein kann, so weit ist sie es in einer glücklichen Ehe.

Lasst uns jetzt auf (Name des Bräutigams) anstoßen und darauf, dass ihr alle uns heute die Freude bereitet habt, zu dieser Feier zu kommen!

Rede eines Gastes I

Liebe Gäste! Verehrtes Jubelpaar!

Seit 25 Jahren hält nun diese Ehe den Irrungen und Wirrungen eines gemeinsamen Lebens stand. Das ist eine – wie ich finde – sehr respektable Bilanz! Und so ist es nur verdient, wenn man mit diesem 25. Jubiläum eure Ehe zu einer silbernen erklärt.

Was hat dieses Silber Besonderes, dass es eine lange, gute Ehe kennzeichnet? Silber ist bekanntermaßen ein chemisches Element und damit ein Stoff, der gerade so wie eure Ehe nicht mehr weiter zerlegt werden kann. Es ist eben keine chemische Verbindung oder ein Gemisch, bei der man die einzelnen Bestandteile wieder voneinander trennen kann. Auch bei euch hat man den Eindruck, dass ihr untrennbar seid.

Das Element Silber hat noch weitere Eigenschaften, die auch eine stabile Ehe braucht. Silber ist ein Metall, das leicht verformbar, weich und dehnbar ist. Das sind ja gleich mehrere wichtige Eigenschaften, die wir auch für eine lange und stabile Ehe benötigen. Die Partner müssen in Maßen verform- und dehnbar sein, um sich anpassen zu können. Sie sollen nicht starrköpfig und spröde sein, denn eine solche Beziehung würde wohl irgendwann auseinanderbrechen. Es schadet auch nicht, wenn beide weich sind und sich aneinander schmiegen.

Mit diesen Eigenschaften können sich die zwei Partner immer wieder von Neuem aufeinander einstellen, sich aufeinander zu bewegen und sind so bestens für ein langes gemeinsames Leben gewappnet. Es gibt noch weitere Eigenschaften des Silbers, die es von den anderen Metallen abheben. Und diese passen sehr gut auf eine Ehe, die auch nach zweieinhalb Jahrzehnten noch keine Ermüdungserscheinungen zeigt.

So besitzt das Silber beispielsweise von allen Metallen die höchste elektrische Leitfähigkeit. Das erklärt alles! Da hat es wohl in all den vielen Ehejahren immer wieder einmal von Neuem bei euch gesprüht, hat die Spannung geknistert, wurde der Stromkreis unterbrochen und wieder geschlossen, hat es gefunkt.

Neben diesem Knistern ist noch eine andere Fähigkeit nötig, damit wir alle Bausteine einer silbernen Ehe beisammenhaben: Unter den Metallen bietet Silber nämlich auch die höchste Leitfähigkeit für Wärme. Das heißt: Partnerin und Partner sind zu regem Wärmeaustausch fähig. Mit dieser Wärme bringen sie Verständnis und Respekt für den anderen ein. Und damit steht einer langen Ehe, die auch über die 25 Jahre hinausgeht, nichts mehr im Wege.

Dass eurer silbernen Ehe auch künftig alle Eigenschaften des edlen Metalls erhalten bleiben, wünsche ich euch heute an eurem Ehrentag für die künftigen gemeinsamen Jahre.

Auf dass wir auch euren nächsten Jubeltag zusammen feiern können!

Lasst uns auf diese Zukunft anstoßen!

Rede eines Gastes II

Verehrte Gäste, liebes silbernes Brautpaar!

Heute feiern wir eure silberne Hochzeit. So ein Ehejubiläum steht bekanntlich für eine lange Liebe und eine solide Partnerschaft zwischen zwei Menschen.

Es tut gut zu sehen, dass es trotz der vielen Ehescheidungen noch Paare gibt, die 25 Jahre und länger beisammenbleiben. Sie wissen, dass ein gemeinsames Leben immer wieder den persönlichen Einsatz beider Partner notwendig macht.

In Indien sagt man: „Treue bis zum Tode, das ist die Summe der gegenseitigen Pflichten eines verheirateten Paares." Und auf den Philippinen heißt es: „Die Ehe ist nicht wie heißer Reis, den man ausspucken kann, wenn er einem den Mund verbrennt." Ihr habt euren Reis ganz einfach erst gar nicht so heiß werden lassen, dass er euch hätte den Mund verbrennen können.

Und so möchte ich euch heute aus ganzem Herzen gratulieren zu diesen beachtlichen 25 Jahren des gemeinsamen Lebensweges.

Neben denen, die nur staunen, dass es ein Paar 10, 20, oder sogar 25 Jahre miteinander aushält, gibt es andere, die mit der Schulter zucken: „Was sind denn schon 25 Jahre Ehe? Es gibt genug Ehen, die viel länger bestehen bleiben."

Der Einwand ist sicherlich richtig. 25 Jahre sind, je nachdem, von welchem Standpunkt man es betrachtet, nicht sehr lang. Gerechnet auf die heutige Lebenserwartung, sind 25 Jahre kaum ein Drittel der Lebensspanne. Aber wer sagt denn, dass aus diesem Drittel nicht die Hälfte wird? Denn: Nach 25 Jahren Ehe mit demselben Partner steht weiteren und höheren Jubiläen, wie ich meine, nichts mehr im Wege.

Und darum wünsche ich euch nun Glück und viel Liebe für die gemeinsame Zukunft der nächsten 25 Jahre!

Rede eines Gastes III

Verehrtes Hochzeitspaar,
liebe (Name der Ehefrau), lieber (Name des Ehemanns)!

Lasst mich euch zuerst einen herzlichen Glückwunsch aussprechen zu diesen 25 Jahren, die ihr nun gemeinsam in eurer Ehe zugebracht habt.

So ein Ehejubiläum ist heute gar nicht mehr so selbstverständlich. Viele trennen sich, bevor sie auch nur in die Nähe der silbernen Hochzeit geraten. Ob das wohl Fluchtinstinkt ist? Ich weiß es nicht. Aber ich weiß, dass ihr beide nicht geflüchtet seid und so könnt ihr heute mit eurem 25. Jubiläum einen außergewöhnlichen Tag feiern.

Eure Ehe hat den Stürmen des Lebens schon sehr lange standgehalten. Jubiläen erinnern uns immer an den Tag, als alles seinen Anfang nahm. Und sie lassen uns zurückdenken an die Jahre, die zwischen diesem ersten Tag und dem Jubiläumsjahr liegen.

Der Tag der Heirat oder, wie er auch genannt wird, der Tag der grünen Hochzeit war mit einer der aufregendsten Tage in eurem jungen Leben. Ich erinnere mich, wie eure Mütter bei der Trauungszeremonie mit den Tränen kämpften, und dass eure Väter, – zwar verstohlen, aber dennoch sichtbar – auch feuchte Augen bekamen. Dieser Tag war für alle Anwesenden sehr bewegend.

(Hier können Sie persönliche Erinnerungen an den Hochzeitstag des Jubelpaares einfügen wie zum Beispiel:)

Vielleicht erinnert ihr euch auch noch daran, dass es für euch ein sehr glücklicher, aber auch anstrengender Tag war. Ihr habt die Sache damals abgekürzt und seid kurz vor Mitternacht in die Flitterwochen gereist. Die Hochzeitsgesellschaft feierte anschließend noch ein paar Stunden weiter, während ihr euer neues Glück zu zweit genosst.

In den kommenden Jahren wurde aus dem „zu zweit" nach und nach ein „zu dritt" und „zu viert". Es kamen die erhofften Kinder (Namen der Kinder einfügen), die beide heute, wenn sich euer Hochzeitstag zum 25. Male jährt, auch schon erwachsen sind und sich selbst anschicken, eine Familie zu gründen.

Außerdem erinnert ihr euch sicherlich auch an manch schöne Stunde mit der Familie, an gemeinsame Reisen und auch an die Bewältigung manch schwieriger Phase während dieser Zeit.

Was euch in all diesen Jahren nicht verlassen hat, ist eure Liebe zueinander. Die wahre Liebe ist ein Geschenk des Schicksals. „Liebe ist das Einzige, was nicht weniger wird, wenn wir es verschwenden", sagt die Dichterin Ricarda

Huch. Und Jeremias Gotthelf meint: „Es ist mit der Liebe wie mit den Pflanzen: Wer Liebe ernten will, muss Liebe säen." Marie von Ebner-Eschenbach schrieb hierzu: „An Rheumatismus und an wahre Liebe glaubt man erst, wenn man davon befallen wird." Ihr seid durch und durch befallen, nicht vom Rheumatismus, dafür aber von der wahren Liebe. Ohne diese gäbe es kein solches silbernes Jubiläum.

Und darum wünsche ich euch für die Zukunft: Sät auch weiterhin Liebe, erntet und verschwendet sie, damit wir zum 50. Ehejubiläum wieder zusammenkommen und mit euch feiern können wie heute.

Gedicht zur Silberhochzeit

Hermann und Ottilie zur Silbernen

Es ist doch so, als ob es war:
Man hätte einmal es versucht.
Und heute: Eure Ehe bucht
Euch silbern 25 Jahr.
Nun, wie ein scheuer Schmetterling,
Huscht die Erinnerung vorbei.
Wie es im Einzelnen verging,
Das ist das Wissen in Euch zwei.
Die Zwei, die wuchs und sich verwob
Zu einer Freundschaft frei und treu,
und täglich mehr und täglich neu
Ins Abgeklärte sich erhob.
Wenn Ihr aus allen Fenstern schaut,
seht Ihr, was Fleiß sich Stück für Stück
Erkämpft hat oder ausgebaut. –
Und Kinder teilen dieses Glück.
In gute Zeit, in frohe Zeit –
So wünschen wir – zieht lustreich hin!
Nachdenklich stille Dankbarkeit
Sei weiter Eure Führerin.

Joachim Ringelnatz

Rubinhochzeit (40 Jahre)

Rede eines Freundes oder einer Freundin

Meine lieben Vierzigjährigen!
Oder sollte ich sagen: Meine lieben Achtzigjährigen? Aber nein, das wäre ein bisschen uncharmant! Darum also nochmals:
Meine lieben Vierzigjährigen!
Ein vierblättriges Kleeblatt aus Ehejahrzehnten habt ihr beide nun vollendet. 40. Ehejubiläum, das sagt man so dahin. Dabei ist es ein ganz beachtlicher Zeitraum. Wie beachtlich dieser Zeitraum ist, wird einem erst so richtig klar, wenn man sich andere Eheleute anschaut.

Lasst mich also ein bisschen lästern: „Spät gefreit, nie gefreut", heißt es da bei manchen in Abwandlung eines bekannten Sprichworts. Andere gehen noch weiter und sagen sich: „Drum prüfe ewig, wer sich bindet." Das Ergebnis nennen wir dann „Single". Wenn dann doch mit Ach und Krach eine Ehe zustande gekommen ist – sie gerade mal im zarten Alter von fünfundvierzig, er noch ein paar Jährchen älter –, wird zuerst einmal der Ehevertrag abgeschlossen, um in der alsbald bevorstehenden Scheidung nichts verkehrt zu machen.

Allerdings – auch solch eine in späteren Jahren geschlossene Verbindung muss durchaus einer „frühen" Partnerschaft in nichts nachstehen und es gibt sicher die verschiedensten Gründe für die spätere Wahl.

Wie dem auch sei: Vier Ehejahrzehnte bedürfen schon einiger gewichtiger Tugenden, die selten beachtet werden: Beständigkeit und Beharrlichkeit. Ein Sprichwort aus den USA lautet: „Wer dem Erfolg auf den Grund geht, findet Beharrlichkeit." Umgekehrt kann man hinzufügen: Wer sich durch Beharrlichkeit auszeichnet, bei dem stellt sich auch der Erfolg ein.

Nun ist Erfolg ja ein relativer Begriff. Ein jeder hat da seine eigene Ansicht. Der Unternehmer Philipp Rosenthal beispielsweise sieht das so: „Erfolg im Leben ist ein bisschen Sein, ein bisschen Schein und sehr viel Schwein." Der Bürgerrechtler Martin Luther King dagegen trifft den Kern, wenn er sagt: „Wir neigen dazu, Erfolg eher nach der Höhe unserer Gehälter oder nach der Größe unseres Autos zu bestimmen, als nach dem Grad unserer Hilfsbereitschaft und dem Maß unserer Menschlichkeit." Und genau das ist die Art von Erfolg, die 40 Jahre Gemeinsamkeit und Partnerschaft in einer Ehe bedeuten. Nicht, was ich habe, sondern was ich schaffe, ist mein Reichtum.

Bei einer vierzigjährigen Ehe-Karriere ohne Brüche, bei so viel Beständigkeit und Verlässlichkeit, kann es gar nicht anders sein, als dass Zufriedenheit mit sich und dem Partner vorhanden ist. Das hat, wie ich meine, auch recht viel mit der Mentalität eines Menschen zu tun. Vielleicht können wir anderen von der Zielstrebigkeit, Beständigkeit und Beharrlichkeit unserer Jubilare lernen. Es ist immer gut, wenn man Vorbilder hat, wenn man schaut, wie macht's der eine, wie die andere.

Auf jeden Fall aber freue ich mich auf die nächsten Jahre mit euch, liebe Vierziger.

Und so möchte ich nun zum Abschluss meiner Rede nur noch eines sagen: Es ist schön, mit einem Paar wie euch befreundet zu sein!

Auf euer Wohl!

Übung gibt Sicherheit
Nicht nur der Inhalt, auch die Vortragsart der Rede ist wichtig für ihren Erfolg. Üben Sie deshalb vorab – am besten vor einem kleinen Publikum – die Rede zu halten. Dadurch erlangen Sie nicht nur mehr Sicherheit, sondern können gleichzeitig auch testen, ob Ihre Pointen den gewünschten Erfolg erzielen.

Goldene Hochzeit (50 Jahre)

Rede des Sohnes

Liebe Eltern,

„Jung gefreit, nie gereut", dieses alte Sprichwort trifft nicht auf allzu viele Paare zu, wohl aber auf euch! Vor 50 Jahren, als du, Mutter, 19 Jahre, und du, Vater, 23 Jahre alt wart, seid ihr vor den Traualtar getreten.

50 Jahre Ehe – das ist in der heutigen Zeit nahezu unglaublich, schaffen es doch viele noch nicht einmal mehr, die ersten zehn Jahre zu vollenden. Ihr habt mir erzählt, wie und warum es euch gelungen ist, 50 Jahre glücklich zusammenzuleben.

(Hieran anschließend können Sie ein persönliches Erlebnis schildern wie zum Beispiel:)

Als ihr jung wart, so habt ihr mir gesagt, zählte das Versprechen, es viele Jahre miteinander aushalten zu wollen, sehr viel. Es war nicht nur so dahin gesagt, wenn ein Mann und eine Frau sich Treue schworen, „bis dass der Tod uns scheidet". Aus diesem Grund habt ihr – trotz eurer Jugend – sehr genau ausgewählt, wen ihr heiratet.

Ihr zwei habt ständig an eurer Partnerschaft gearbeitet. Zwar blieb jeder von euch eine eigenständige Persönlichkeit mit eigener Meinung und eigenem Willen, doch wenn ihr unterschiedliche Ansichten hattet, habt ihr immer nach einem Kompromiss gesucht. Wenn keiner gefunden werden konnte, hat auch schon einmal einer von euch darauf verzichtet, unbedingt seinen Willen durchzusetzen.

Auch die vielen Schwierigkeiten, die auf euch im Laufe der Ehe zukamen, habt ihr gemeinsam gemeistert. Zu Beginn eurer Ehe, als ihr beide nahezu völlig mittellos wart, kündigte sich gleich das erste Kind, nämlich ich, an. Ihr wart euch nicht sicher, wie ihr mich durchbringen würdet, doch ihr habt euch immer gesagt, dass es schon irgendwie gehen wird.

Um etwas mehr Geld zu verdienen, zog Vater zunächst allein in die Stadt und nahm dort eine Stelle in einer großen Fabrik an. Du, Mutter, bliebst erst einmal allein in dem Dorf zurück, in dem ihr gewohnt habt. Der Grund: Ihr wart noch unsicher, ob das Geld, das Vater verdiente, ausreichen würde, um eine ganze Familie in der Stadt zu ernähren. So kam Vater nur an den Wochenenden nach Hause.

Für euch beide war das eine schwierige Zeit. Mutter saß allein und hochschwanger in dem kleinen Dorf und wusste nicht, was Vater in der großen Stadt so treibt. Vater machte sich Sorgen darum, seine Frau im schwangeren Zustand allein zu lassen.

Doch selbst, wenn diese ganze Situation sehr schwierig für euch beide war, das Vertrauen ineinander und in die Liebe zueinander habt ihr nicht verloren.

Als ich dann auf die Welt kam, konntest du, Mutter, endlich zu Vater in die Stadt ziehen. Vaters Probezeit in der Fabrik war beendet, er bekam einen verantwortungsvolleren Posten und sein Gehalt erhöhte sich. Nun war die kleine Familie zusammen. Zuerst ging es uns materiell natürlich auch nicht so gut, doch nach und nach verbesserte sich die Situation. Über die Jahre habt ihr es dann zu etwas Wohlstand gebracht.

Ihr habt es geschafft, die Hürden, die das Leben immer wieder vor euch aufbaute, mit Besonnenheit zu nehmen und euer Leben in Ruhe und Zufriedenheit zu gestalten.

Ich möchte euch, liebe Eltern, auch im Namen von (Namen der Geschwister), noch einmal ganz herzlich dafür danken, dass ihr immer für uns, eure Kinder, da wart und es immer noch seid. Denn auch wenn ihr nun beide bereits um die 70 seid, seid ihr noch immer viel aufgeschlossener und liberaler, als man es von vielen Menschen jüngeren Alters behaupten kann. Das wissen auch eure Enkel zu schätzen, die euch immer gern besuchen und Probleme lieber mit euch als mit uns, ihren Eltern, bereden.

Lasst uns jetzt die Gläser erheben und auf unsere Eltern anstoßen.

Auf dass wir noch viele weitere Jahre zusammen erleben können. Zum Wohl!

Rede eines Enkels

Liebe Oma, lieber Opa,

zu einem Tag wie dem heutigen gehören ein paar feierliche Worte, denn eine goldene Hochzeit in der Familie erlebt man nicht alle Tage. Deshalb habe ich mir überlegt, eine kleine Ansprache zu halten.

Vielleicht habt ihr erwartet, dass meine Eltern diese Aufgabe übernehmen, doch ich habe sie gebeten, das mir zu überlassen. Nicht, dass ich ein genialer Redner wäre, aber ihr habt so viel für mich getan, dass ich euch auf diesem Weg danken möchte.

Wir kennen uns nun schon 22 Jahre – oder besser: Ihr kennt mich seit 22 Jahren, denn an meine Babyzeit habe ich leider keine Erinnerungen mehr. Jedenfalls sind diese 22 Jahre weniger als die Hälfte der Zeit, die ihr miteinander verheiratet seid. Das ist für mich – wie ihr euch sicher vorstellen könnt – nahezu unglaublich. 50 Ehejahre und ihr versteht euch noch immer blendend.

Aber über eure Ehe wollte ich jetzt eigentlich gar nicht so viel sagen, obwohl das natürlich der Anlass ist, aus dem wir heute hier zusammengekommen sind. Doch darüber könnt ihr sicherlich besser Auskunft geben als ich. Ich wollte stattdessen über all das sprechen, was ihr für mich getan habt.

(Hieran anschließend können Sie ein persönliches Erlebnis schildern wie zum Beispiel:)

Als ich noch klein war, habt größtenteils ihr euch um mich gekümmert. Nicht, dass meine Eltern Rabeneltern gewesen wären, sie hatten einfach nur wenig Zeit, denn sie waren ja beide berufstätig.

Da seid ihr – vor allem Oma – für sie eingesprungen, denn dass man sein Kind zu einer Tagesmutter gibt, war damals noch nicht so üblich. Außerdem hatten meine Eltern nicht genug Geld, um für meine Betreuung zu bezahlen.

Ich weiß, dass Mama und Papa mich euch zunächst ein wenig widerwillig überlassen haben. Der Grund: Bei der Erziehung meines Vaters sollt ihr beide sehr streng gewesen sein. Deshalb waren Mama und Papa erst einmal skeptisch, denn sie wollten mich so antiautoritär wie nur möglich erziehen.

Doch ihr habt sie eines Besseren belehrt: Ihr habt euch so liebevoll um mich gekümmert, wie es wohl nur Großeltern können. Ihr habt mich umsorgt, mir viele Wünsche geradezu von den Augen abgelesen, ihr seid mit mir spazieren gegangen, ihr habt mit mir gespielt und ihr habt mich in den Arm genommen.

Allerdings – und dafür bin euch heute noch dankbar – habt ihr mir gleichzeitig auch meine Grenzen aufgezeigt. Ihr habt mir nicht alles erlaubt und auch nicht alles durchgehen lassen. Ihr habt mich zwar nie für etwas gestraft, jedoch habt ihr klar gesagt, was ich darf und was verboten ist.

Vielleicht hört sich das etwas merkwürdig an, wenn ich euch dafür lobe, dass ihr mir bestimmte Dinge untersagt habt. Doch dafür gibt es eine ganz einfache Erklärung: Man sagt, dass viele der Kinder, die vollkommen antiautoritär erzogen wurden, heute zum Beispiel große Schwierigkeiten haben, mit Enttäuschungen fertig zu werden. Dadurch, dass ihr mir Grenzen gesetzt habt, habt ihr mir mein späteres Leben im Endeffekt erleichtert.

Ich weiß, dass ich nicht immer alles bekommen kann und nicht immer im Recht bin. Mit berechtigter Kritik kann ich umgehen und das Arbeiten mit anderen macht mir große Freude. Und ich bin in der Lage mich durchzusetzen. So wie ich es sehe, habe ich das zu einem großen Teil euch, Oma und Opa, zu verdanken. Ich bin jedenfalls froh, dass ich damals in eurer Obhut sein durfte.

Liebe Oma, lieber Opa, meine kleine Ansprache will ich nun beenden. Jedoch nicht, ohne euch beiden noch viel Glück für die nächsten Jahre eurer Ehe zu wünschen.

Auf euch!

Rede eines Freundes oder einer Freundin

Liebe (Name der Ehefrau), lieber (Name des Ehemannes),

wir sind ja nun schon im wahrsten Sinne des Wortes „alte" Freunde. Und als euer alter Freund möchte ich euch zu diesem ganz besonderen Tag auch ganz besonders herzlich gratulieren.

Es ist schön, dass wir heute hier zur Feier eures Hochzeitstages zusammengekommen sind. Allerdings ist es für mich schon etwas merkwürdig, dass es bereits der 50. sein soll. Mir kommt es noch wie gestern vor, dass ihr zwei geheiratet habt. Doch die Zeit ist anscheinend schneller verflogen, als ich es selbst wahrhaben will.

Damit sie nicht weiter in diesem Tempo verfliegt, haben wir, eure Freunde, uns gedacht, dass wir euch zu euerm großen Fest etwas ganz Besonderes schenken. Etwas, an das ihr euch gern noch lange erinnern werdet. Wir haben gesammelt, um euch eine etwas größere Freude machen zu können. Ich hoffe, dass wir in eurem Sinne gehandelt haben.

(Hier folgt die Erläuterung zu ihrem persönlichen Geschenk. Ein Beispiel:)

Wie wahrscheinlich alle Anwesenden wissen, sind (Name der Ehefrau) und (Name des Ehemannes) sehr unternehmungslustig: Nicht nur, dass sie jeden Sonntag zum Tanzen gehen, sie besuchen auch gern Museen, Kunstausstellungen und Konzerte. Dem Winter in unseren Breiten entfliehen sie regelmäßig, indem sie sich einfach in den Flieger setzen und wie die Zugvögel in den Süden ziehen. Sie fehlen bei keiner größeren Feier und sind – so meine Erfahrung – nie die Ersten, die ein solches Fest verlassen.

Dass es für ein solch umtriebiges Paar kein langweiliges Geschenk sein durfte, versteht sich ganz von selbst. Ein Sofakissen mit eingestickter Inschrift „Trautes Heim, Glück allein" wäre sicher nicht das richtige Geschenk gewesen, um es überspitzt auszudrücken.

Wir haben also lange hin und her überlegt, um das passende Präsent zu finden. Schließlich kam einem von uns die zündende Idee. Wie wäre es mit einem Musicalbesuch in (...), verbunden mit einem Wochenendaufenthalt? Der Besuch des Musicals wäre das Highlight dieses Wochenendes, den Rest der Zeit können (Name der Ehefrau) und (Name des Ehemannes) durch Museen und Ausstellungen streifen, bummeln und gut essen gehen.

Allerdings haben wir den Entschluss nicht ganz uneigennützig gefällt. Warum? Aus dem ganz einfachen Grund, weil uns die Idee so gut gefiel, dass wir alle mit wollten. Kurz entschlossen haben wir alle für dasselbe Wochenende einen Trip nach (...) gebucht, inklusive Musicalbesuch.

Ihr merkt schon, ihr werdet uns auch auf eure „alten Tage" nicht los. Ich hoffe, es stört euch nicht, wenn wir alle gemeinsam (...) unsicher machen. Aber wie ich euch kenne, wird euch das freuen.

Liebe (Name der Ehefrau), lieber (Name des Ehemannes), ich hoffe, wir haben das passende Geschenk zu eurer goldenen Hochzeit gefunden. Doch nun genug der vielen Worte, schließlich sind wir hierher gekommen, um zu feiern und vor allem auch, um eine flotte Sohle aufs Parkett zu legen.

Darum jetzt noch einmal alle: Das Jubelpaar, es lebe hoch, hoch, hoch!

> **Pausen sind wichtig**
> Wer möglichst schnell redet, erweckt den Eindruck, dass er froh ist, wenn er seinen Vortrag beenden kann. Besonders Anfängern passiert diese Ungeschicklichkeit oft. Pausen ermöglichen nicht nur dem Redner das nötige Atemholen, sondern erleichtern auch den Zuhörern das Verständnis. Denken Sie daran: Es ist Ihre Redezeit, nutzen Sie sie. Niemand wird Ihre Rede danach beurteilen, wie schnell Sie ans Ende gelangen.

Rede eines Gastes I

Verehrte Gäste, liebes goldenes Ehepaar!

Bei einem Marathonlauf würdet ihr jetzt mit der Goldmedaille auf dem Siegertreppchen stehen.

Wieso Marathonlauf, fragt sich nun wohl mancher. Ganz einfach: In gewissem Sinn ist auch die Ehe ein Marathonlauf, allerdings weitaus angenehmer als dieser, denn in der Ehe läuft man zu zweit. Alles andere ist eine Frage der Einstellung und des Trainings.

50 Jahre Ehe sind schon eine sehr lange Zeitspanne und eine sehr lange Strecke gemeinsamen Weges. Sie führte

euch über Hügel und durch Täler, durch weite Ebenen und hier und da auch einmal über einzelne Steigungen. Andere Streckenabschnitte wiederum waren ganz leicht und wie im Fluge zu bewältigen. Da versteht man dann die Marathonläufer, die behaupten, Laufen mache süchtig.

Eine gute Ehe hat, so vermute ich, ebenfalls ähnliche Auswirkungen. Mit 50 gemeinsamen Ehejahren habt ihr, liebes goldenes Brautpaar, eine lange und wechselvolle Strecke hinter euch gelassen. Heute nun könnt ihr zurückschauen, könnt sehen, was ihr alles geschafft habt, wie unterschiedlich die Abschnitte waren, die ihr bewältigt habt, und welch schöne Zeiten ihr dabei erleben durftet. Das 50. Ehejubiläum zeigt uns und euch: So eine Ehe ist ein Geschenk.

Die Erinnerung an das gemeinsam Erlebte schafft eine große innere Befriedigung. Marie von Ebner-Eschenbach schrieb: „Nicht was wir erleben, sondern wie wir empfinden, was wir erleben, macht unser Schicksal aus." Ähnlich meinte Friedrich Nietzsche: „Unsere Erlebnisse sind viel mehr das, was wir hineinlegen, als das, was darin liegt." Da möchte ich hinzufügen: Eure eigenen Wertungen sind wichtig dafür, wie ihr die Ereignisse des Lebens einschätzt und wie ihr sie heute beurteilt. Ich glaube, ihr beide empfindet die Jahre, die nun der Vergangenheit angehören und schon Geschichte geworden sind, als gute gemeinsame Jahre. Gern erzählt ihr von den schönen Zeiten und den

Freuden eures Zusammenlebens. Und genau die sollen sich in Zukunft noch vermehren.

In diesem Sinne, liebe (Name der Ehefrau) und lieber (Name des Ehemannes), nochmals unsere herzlichsten Glückwünsche zur Goldhochzeit.

Hoch lebe das Jubelpaar!

Rede eines Gastes II

Verehrtes Brautpaar!

Euer 50. Ehejubiläum feiern wir heute. An so einem großen Ehrentag, liebe (Name), lieber (Name), bereitet es mir eine ganz besondere Freude, euch einige Worte sagen zu dürfen.

Das Goldene Zeitalter ist nun für euch angebrochen. 50 Jahre den Lebensweg gemeinsam zu beschreiten halte ich für eine enorme Leistung. Nicht von ungefähr nennt man den heutigen Tag „Goldene Hochzeit". Gold steht für wertvoll, kostbar.

Gold ist darüber hinaus ein Edelmetall mit folgenden Eigenschaften: weich, dauerhaft und beständig. Eine weitere Eigenart dieses Metalls ist seine Unverwüstlichkeit. Hitze und Feuchtigkeit machen ihm nichts aus, da gibt es keinen Rost und kein Anlaufen. Eure Ehe war und ist ähnlich unverwüstlich wie Gold. Auch sie hat so manche „Hitze des Gefechts" überstanden, ohne dass man es ihr angemerkt hat.

In früheren Zeiten galt Gold sogar als Heilmittel. Der Arzt Paracelsus etwa gab es seinen Patienten zur Behandlung von Herzkrankheiten. Gold wurde als Lebenselixier genommen und als Mittel, mit dem die Menschen das Leben verjüngen wollten. Diese Position nahm nur noch der legendäre „Stein der Weisen" ein, den freilich niemand jemals gefunden hat. Jedenfalls spielt Gold in allen Märchen, Mythen und Sagen der Welt eine besondere Rolle. Auch bei euch wirkte die Ehe wie ein Lebenselixier, ihr seid jung geblieben.

Und noch ein letzter Punkt fällt mir zu dem Stichwort „Gold" ein: Es ist eines der geschmeidigsten Elemente. Wusstet ihr, dass man zum Beispiel ein 29 Gramm schweres Stück reines Gold zu einem 100 Kilometer langen Draht ausziehen kann, ohne dass er reißt? Auch hier wieder die Parallele: Um 50 Jahre glücklich miteinander zu leben, muss man geschmeidig und flexibel sein, der Faden darf nie reißen.

Natürlich gehört dazu noch ein Weiteres: Die beiden Menschen müssen nicht nur zusammenpassen. Sie müssen auch einige wichtige menschliche Fähigkeiten aufbringen können wie zum Beispiel Vertrauen. Ohne Vertrauen wäre jede Liebe schnell verflogen. Ohne Vertrauen taugt die ganze Ehe nichts. Otto von Bismarck meinte dazu: „Vertrauen ist eine zarte Pflanze. Ist es zerstört, so kommt es so bald nicht wieder." Vertrauen schließt immer mit ein, dass man sich auf den anderen verlassen, sich einem Menschen blindlings anvertrauen kann. Ohne dies, da bin ich mir sicher, hätte eure Ehe keine 50 Jahre so gut und fest gehalten.

Was soll man euch noch wünschen zu diesem 50. Hochzeitstag? Auch weiterhin so viel Glück wie bisher und weiterhin eine Ehe voller Liebe und Vertrauen. Das wünsche ich euch von Herzen, verbunden mit einer eisernen Gesundheit! Oder sollte ich sagen „Goldenen Gesundheit"?

Glückwunschgedicht zur goldenen Hochzeit

Verehrtes Paar, das fünfzig Jahre
der Freude und des Leids geteilt,
das liebreich noch im Silberhaare
gern in der Jugend Kreise weilt;
das edlen Kindern edles Denken
hat eingeflößt durch seine Lehren,
das edle Enkel als ein Vorbild
in allem Gutem hoch verehren!

Dir bringe ich im Namen aller,
die dieses Tags sich innig freun,
die Wünsche dar, die aller Herzen
voll tiefer Ehrfurcht heut dir weihn;
dir bring ich, und es teilen alle
des schönen Augenblickes Lust
mit hochgeschwungenem Pokale
ein Lebehoch aus voller Brust!

*Epithalamium (pastorales Gelegenheitsgedicht
zur Feier einer Hochzeit)*

Zitate und Sprichwörter für Hochzeitsreden

Ehe

Das Geheimnis einer glücklichen Ehe ist einfach:
Bleibt gerade nur so höflich zueinander,
wie ihr zu euren besten Freunden seid!

Robert Quilleh

Die Ehe ist das öffentliche Bekenntnis einer
streng privaten Absicht.

James Dayenhart

In der Ehe ist es wie beim Bruchrechnen:
Es kommt vor allem auf den gemeinsamen Nenner an.

Luise Ullrich

Eine Ehe ist gut, wenn der Mann der Motor
und die Frau die Bremse ist oder umgekehrt.
Schlecht ist eine Ehe zwischen zwei Motoren
oder zwei Bremsen.

Stafford Vaughan

Haben Eheleute einen Sinn,
so ist das Unglück selbst Gewinn.

Deutsches Sprichwort

Die Ehe ist der einzige Zweckverband,
der sich nicht organisieren lässt.
Jede der beiden Personen hält sich
für die Geschäftsleitung.

William J. Abley

Die Ehe ist nur dann harmonisch,
wenn sie aus zwei besseren Hälften besteht.

Anonym

Ehen und Weine haben eines gemeinsam:
Die wahre Güte zeigt sich erst nach Jahren.

William Somerset Maugham

Es geht doch nichts über eine richtige Ehe.

Theodor Fontane

Wenn zwei Menschen einsehen,
dass sie nicht mehr gute Freunde sein können,
dann heiraten sie.

Maurice Dekobra,

Heiraten ist eine wunderbare Sache,
solange es nicht zur Gewohnheit wird.
William Somerset Maugham

Es ist eine gar leidige Sache in der Ehe,
wenn jeder sich hinsetzt, erwartungsvoll,
dass ihn der andere nun glücklich machen soll.
Es kann auf diese Weise leicht dahin kommen,
dass beide allein und unbeglückt sitzen bleiben.
Ottilie Wildermuth

Weise halten das Süße wie das Saure
des Ehestands geheim.
Michel Montaigne

Heirate oder heirate nicht.
Du wirst beides bereuen.
Sokrates

Die Ehe ist kein Fertighaus, sondern ein Gebäude, an
dem ständig konstruiert und repariert werden muss.
Jean Gabin

Frauen

Die Frau ist kein Raubtier. Im Gegenteil:
Sie ist die Beute, die dem Raubtier auflauert.
José Ortega y Gasset

Die Welt ist eine Uhr, und das Weib ist deren Unruh.
Giacomo Casanova

Die Frauenseele ist für mich ein offenes Buch –
geschrieben in einer unverständlichen Sprache.
Ephraim Kishon

Eine liebende Frau ist eine Sklavin,
die ihrem Herrn die Ketten anlegt.
George Bernard Shaw

Alles Wichtige lernt man von Frauen.
Alles Unwichtige vergisst man bei ihnen.
Hans Söhnker

Gott hat das Weib nicht aus des Mannes Kopf
geschaffen, dass es ihm befehle, noch aus seinen
Füßen, dass es seine Sklavin sei, sondern aus
seiner Seite, dass es seinem Herzen nahe sei.
Talmud

Jede Frau, die eine Ehe eingeht,
fährt mit der Erschaffung des Mannes dort fort,
wo Gott aufgehört hat.

Lin Yutang

Oh, wie vieler Frauen herrliche Taten liegen im Verborgenen.

L. Annaens Serreca

Frauen hassen einander, aber sie nehmen sich gegenseitig in Schutz.

Denis Diderot

Glück

Glück ist Liebe, nichts anderes.
Wer lieben kann, ist glücklich.

Hermann Hesse

Wenn einer weise ist, sind zwei glücklich.

Deutsches Sprichwort

Sowohl Mann wie Frau sollten ständig daran denken,
dass das schönste Geschenk,
das einer dem anderen machen kann,
das eigene Glück ist.

Alain, eigtl. Émile Chartier

Glück

Wo Liebe ist und Weisheit,
da ist weder Furcht noch Ungewissheit;
wo Geduld und Demut, weder Zorn noch Aufregung;
wo Armut und Freude, nicht Habsucht und Geiz;
wo Ruhe und Besinnung,
nicht Zerstreuung noch Haltlosigkeit.

Franz von Assisi

Zu einer friedlichen Familie
kommt das Glück von selber.

Aus China

Glück ist, wenn man dafür geliebt wird,
wie man eben ist.

François Lelord

Glück zieht immer noch mehr Glück an,
wie ein Magnet.

Sylvia Plath

Glücklich sind die Menschen, wenn sie haben,
was gut für sie ist.

Platon

Das Glück ist das Einzige, was sich verdoppelt,
wenn man es teilt.

Albert Schweitzer

Glück ist, sich von dem Menschen, den man liebt,
verstanden zu fühlen.

Zenta Maurina

Wo Herz, da auch Glück.

Aus Polen

Wer glücklich ist, kann glücklich machen.
Wer's tut, vermehrt sein eigenes Glück.

Johann Wilhelm Ludwig Gleim

Allein ist der Mensch ein unvollkommenes Ding,
er muss einen zweiten finden, um glücklich zu sein.

Blaise Pascal

Hochzeit

Ob zwei Leute gut getan haben, einander zu heiraten,
kann man bei ihrer silbernen Hochzeit noch nicht wissen.

Marie Ebner von Eschenbach

Jede Mutter hofft, dass ihre Tochter einen besseren
Mann bekommt als sie selber und ist überzeugt,
dass ihr Sohn niemals eine so gute Frau bekommen
wird wie sein Vater.

Martin Andersen-Nexö

Hochzeit

Einzeln sind wir Worte,
zusammen ein Gedicht.

Georg Bydlinski

Einen Menschen lieben, heißt einzuwilligen,
mit ihm alt zu werden.

Albert Camus

Mit einer Frau, die du liebst,
genieß das Leben alle Tage deines Lebens,
die er dir unter der Sonne geschenkt hat.

Prediger Salomo 9,9

Eine Vernunftehe schließen heißt
alle seine Vernunft zusammennehmen,
um die wahnsinnigste Handlung
zu begehen, die ein Mensch begehen kann.

Marie von Ebner-Eschenbach

Das gefährlichste Jahr in der Ehe ist das erste.
Dann kommt das zweite, das dritte, das vierte,
das fünfte …

Unbekannt

Ich weiß, dass ich jemand in meiner Nähe habe,
dem ich rückhaltlos vertrauen kann,
und das ist etwas, was Kraft und Ruhe gibt.

Edith Stein

Heirat ist gegenseitige Freiheitsberaubung
in beiderseitigem Einvernehmen.

Oscar Wilde

In unserem monogamischen Weltteile
heißt heiraten seine Rechte halbieren und
seine Pflichten verdoppeln.

Arthur Schopenhauer

Das einzig Rebellische in der zerfallenen Gesellschaft
ist es, eine Familie zu gründen.
Nur dort findet einer zu sich selbst.

Pete Dennis Blandford Townshend

Mann und Weib zusammen
machen erst den wirklichen Menschen aus.

Ludwig Feuerbach

Liebe und Vertrauen

Liebe macht blind.
Platon

Das Erste in der Liebe ist der Sinn füreinander
und das Höchste der Glaube aneinander.
Friedrich von Schlegel

Liebe kann beginnen, wenn zwei
mit dem Brennstoff ihrer Träume
ein Feuer entzünden.
Unbekannt

Die Liebe besiegt alles.
Vergil

Die Liebe ist der Blick der Seele.
Simone Weil

Jeder Mensch ist eine Melodie.
Lieben heißt: sie innehaben.
Ich bin für dich, du bist für mich ein Lied.
Franz Werfel

Zu lieben heißt,
über sein eigenes Selbst hinauszugehen.

Oscar Wilde

Macht können wir durch Wissen erlangen,
aber zur Vollendung gelangen wir nur durch Liebe.

Rabindranath Tagore

Liebe von einem Menschen zum anderen
kann nur heißen, dass zwei vereinzelte Wesen
sich nahe kommen, sich erkennen und
ich gegenseitig beschützen und trösten.

Han Suyin

Du brauchst nur zu lieben und alles ist Freude.

Lev Nikolaevic Tolstoi

Liebe ist die Kraft, die verzeihen kann.

Fritz Leist

Jemanden lieben heißt,
als einziger ein für die anderen
unsichtbares Wunder sehen.

François Mauriac

Liebe und Vertrauen

Liebe ist der angenehmste Zustand
weiser Unzurechnungsfähigkeit.

Marcel Aimé

Sie sagten: Die Liebe hat dich verrückt gemacht;
und ich sagte: Des Lebens Süße ist nur für die Verrückten.

Tausendundeine Nacht

Eine große Liebe lässt sich
durch die Wirklichkeit des Geliebten nicht stören.

Hannah Arendt

Freiwillige Abhängigkeit ist der schönste Zustand,
und wie wäre der möglich ohne Liebe?

Johann Wolfgang von Goethe

Liebe schwärmt auf allen Wegen,
Treue wohnt für sich allein;
Liebe kommt euch rasch entgegen,
aufgesucht will Treue sein.

Johann Wolfgang von Goethe

Vertrauen macht selig den, der es hat,
und den, der es einflößt.

Marie von Ebner-Eschenbach

Wohl erprobt sich die Liebe in der Treue,
aber sie vollendet sich erst in der Vergebung.

Werner Bergengruen

Nicht durch Worte, aber durch Handlungen
zeigt sich wahre Treue und wahre Liebe.

Heinrich von Kleist

Die Liebe hat zwei Töchter:
die Güte und die Geduld.

Aus Italien

Die Liebe vernichtet alles Böse
und macht frei von aller Angst.

Hildegard von Bingen

Was die Liebe nicht bindet,
das ist schlecht gebunden,
und was die Treue nicht schirmt,
beschirmt kein Eid.

Ernst Moritz Arndt

Eine poetische, leidenschaftliche Liebe
ist die Blüte unseres Lebens, unserer Jugend;
wenige Menschen erleben sie,
und auch dann nur einmal im Leben.

Wissarion G. Belinski

Männer

Junggesellen sind Männer,
die nur halb aufs Ganze gehen.

Tatjana Sais

Einen wirklich großen Mann erkennt man an drei
Dingen: Großzügigkeit im Entwurf, Menschlichkeit
in der Ausführung und Mäßigkeit beim Erfolg.

Otto von Bismarck

Die Behauptung, ein Mann könne nicht immer
die gleiche Frau lieben, ist so unsinnig
wie die Behauptung, ein Geiger brauche
für dasselbe Musikstück mehrere Violinen.

Honoré de Balzac

Es ist leichter, ein Liebhaber zu sein,
als ein Ehemann, und zwar deshalb,
weil es einfacher ist, gelegentlich
einen Geistesblitz zu haben,
als den ganzen Tag geistreich zu sein.

Honoré de Balzac

Wer ehelos bleibt, der ist kein wahrer ganzer Mann.

Talmud

Ein Ehemann ist ein Rohstoff, kein Fertigprodukt.
Grethe Weiser

Wenn wir Männer die Frau bekämen,
die wir verdienen, könnte uns nichts
Schlimmeres passieren.
Oscar Wilde

Von allen Erfindungen,
die der Frau die Arbeit erleichtern
oder ersparen, ist der Mann die beliebteste.
Oscar Wilde

Das Verhältnis des Mannes zum Weib
ist das natürlichste Verhältnis
des Menschen zum Menschen.
Karl Marx

Männer kommen in die besten Jahre,
wenn ihnen auffällt, dass ihre Schulfreunde
die Haare verlieren.
Alec Guiness

Männer werden ohne Frauen dumm,
und Frauen welken ohne Männer.
Anton Tschechow